ÉDITH STEIN

De l'idéologie à la foi

Collection « Ouverture philosophique »
Collection dirigée par :
Jean-Marc Lachaud, Bruno Trentini, Bruno Pequignot

Une collection d'ouvrages qui se propose d'accueillir des travaux originaux sans exclusive d'écoles ou de thématiques. Il s'agit de favoriser la confrontation de recherches et des réflexions qu'elles soient le fait de philosophes "professionnels" ou non. On n'y confondra donc pas la philosophie avec une discipline académique ; elle est réputée être le fait de tous ceux qu'habite la passion de penser, qu'ils soient professeurs de philosophie, spécialistes des sciences humaines, sociales ou naturelles, ou ... polisseurs de verres de lunettes astronomiques.

Paul Dubouchet, *Girard et Tresmontant, balayeurs et constructeurs. Pour le monothéisme*, janvier 2019.
Jean-Michel Charrue, *La philosophie néoplatonicienne de l'éducation. Hypatie, Plotin, Jamblique, Proclus*, janvier 2019.
Lauréline Chrétien, *Amour libre et anarchie. La révolution sexuelle selon E. Armand*, janvier 2019.

Enoch TOMPTE-TOM

ÉDITH STEIN

De l'idéologie à la foi

L'Harmattan

Du même auteur

Vérité Philosophique et Vérité théologique, Paris, L'Harmattan, 2016.

Comprendre la violence en Centrafrique, Paris, L'Harmattan, 2019.

5-7, rue de l'École-Polytechnique ; 75005 Paris

http://www.librairieharmattan.com

ISBN : 978-2-343-16693-3
EAN : 9782343166933

Le chemin de la croix passe par de nombreuses épreuves

SOMMAIRE

Chapitre deuxième

La *science de la croix*

Chapitre troisième

Le concept de la nuit obscure

Chapitre quatrième

Le contexte de *l'être fini et l'être éternel*

INTRODUCTION

Avec Édith Stein, nous entrons dans une autre dimension où la quête de la foi n'est pas exclusivement du domaine de la philosophie, ni de la théologie. Elle concerne les deux domaines. Pour notre philosophe, la foi fait partie de la conception du monde comme étant le principe fondamental qui guide nos différentes actions. Cette conception du monde répond à la question ontologique de l'essence humaine et de la finitude.

Pour Edith Stein, chaque phénomène a une vision du monde qui lui est propre. Raison pour laquelle il existe une vision du monde scientifique, philosophique, religieuse et psychanalytique. Tous les préjugés au sujet de la foi tirent leur origine de l'idée que le temps n'a point de prise sur elle. Il suffit simplement de consulter les écrits scientifiques pour sentir à quel point, d'une génération à l'autre, voire d'un savant à l'autre, la recherche de la conscience du dire vrai change l'homme, l'esprit de l'homme de science et, avec lui, le sens de la valeur de la foi. Comme il y a plusieurs approches, il existe également plusieurs manières de vivre la foi.

Par son destin exceptionnel, Edith Stein s'est évertuée de traduire préoccupation à travers ses œuvres, en l'occurrence ses œuvres philosophiques. Le chemin de croix emprunté par Edith Stein à la découverte de la foi passe par Husserl, Saint Thomas d'Aquin, Thérèse d'Avila et Jean de la croix.

Le dialogue entretenu avec ces différentes personnes traduit l'engagement de sa vie intérieure qui ne naît pas d'une volonté de rupture avec le monde, mais au contraire de la décision de ne pas être seulement un reflet du monde.

La longue histoire d'Edith Stein offre un modèle dominant du trajet spirituel, modèle contenant diverses variantes en passant par le judaïsme, la philosophie et la théologie pour aboutir finalement au couvent des carmélites. L'expérience de la foi a fait irruption dans la vie d'Edith Stein pour prendre place dans une expérience de cheminement plus ou moins logique, décrivant des itinéraires vers une plus grande communion entre la philosophie et la théologie, entre une rationalité de la raison et une rationalité de la foi.

Dans notre perspective de déterminer la profondeur de la pensée d'Edith Stein, nous tenterons d'analyser le cheminement de cette recherche de la vérité à travers ses différentes œuvres choisies qui pour nous, constituent ses œuvres principales. Il s'agit notamment de *Phénoménologie et Philosophie chrétienne*[1], de *L'Etre fini et l'Etre éternel*,[2] et de *La*

---

[1] Stein, (Edith), *Phénoménologie et philosophie chrétienne*, trad. Philibert Secrétan Cerf, Paris, 1987.

[2] Stein, (Edith), *L'Etre fini et l'Etre infini*, trad. G. Casella et F.A. Viallet, Nauwelaerts, Beauvechain, 1998.

science de la croix.[3] Ce choix a été fait par nous de façon délibérée compte tenu du contenu de chaque livre. Il s'agit de faire ressortir à travers ces trois écrits, la genèse de la prise de conscience d'Edith Stein par rapport à sa recherche de la foi.

[3] Stein, (Edith), *La science de la croix*, trad. Etienne de Sainte Marie, Béatrice-Nauwelaerts, Paris, 1957.

CHAPITRE PREMIER

ÉDITH STEIN: PHÉNOMÉNOLOGIE ET PHILOSOPHIE CHRÉTIENNE

Cette introduction sera orientée sur la présentation sommaire de l'œuvre d'Edith Stein. Comme d'ailleurs la majeur partie de ces œuvres, *Phénoménologie et philosophie chrétienne* a été traduite en français et présentée par Philibert Secrétan. Le souci qui a amené le traducteur a présenté ce livre vient du fait qu'Edith Stein, empêchée d'enseigner par le régime nazi et gazée plus tard à Auschwitz-Birkenau en août 1942, risque de passer inaperçue malgré qu'elle soit l'assistante de Husserl. Ce souci est partagé aussi par un autre philosophe en ces termes:

> « Nous avons connu Edith Stein avant son entrée au Carmel et avions beaucoup d'admirations pour elle. Je ne connais malheureusement pas ses œuvres, de sorte que je ne puis rien vous dire de plus précis à ce sujet. […], il serait bon de les traduire et de les publier, en hommage à sa mémoire, et aussi pour témoigner de la vitalité de l'inspiration thomiste. Le fait qu'elle a été la

collaboratrice de Husserl ajoute encore à l'importance d'une telle publication.[4] »

Le livre intitulé *Phénoménologie et philosophie chrétienne* est une collection de thèmes intéressants qui ont jalonné les expériences vécues de l'auteur. De même, le titre de cet ouvrage n'a pas été choisi au hasard. Comme le souligne Secrétan : « Ce titre non seulement évoque le cheminement de l'auteur, mais en recentre la pensée autour de la philosophie prise sous son double aspect de recherche rigoureuse, scientifique et de recherche de la vérité: d'une vérité qui ne pouvait se trouver contredite par l'expérience humaine.[5] »

Cette remarque du traducteur fait comprendre l'importance qu'il accorde à l'œuvre d'Edith Stein. Ce titre constitue en outre un programme élargi de discussion, de critique des textes philosophiques faisant l'objet de grands débats selon E. Stein, comme science et sagesse de la connaissance.

Toujours dans cette logique, nous voulons à travers ces différentes œuvres, chercher à comprendre la richesse de toutes les pensées d'Edith Stein.

---

[4] Maritain, (Jacques), «Edith Stein (1891-1942), in *Nova et Vetera*, Genève, 1951, p.116.

[5] Secrétan, (Philibert), «Introduction » in *Phénoménologie et philosophie chrétienne*, Paris, Cerf, 1987, p.11.

I. ÉDITH STEIN, LA PHÉNOMÉNOLOGIE ET SES DÉVELOPPEMENTS

Dans son œuvre, Edith Stein entre en dialogue avec Edmond Husserl, Martin Heidegger, Max Scheler et Thomas d'Aquin à cause de la conception qu'elle a de la phénoménologie. Certes, pour Edith Stein, les méthodes d'approches sont variées mais la finalité doit être perçue comme une possibilité de comprendre le monde. C'est d'ailleurs ce qu'elle souligne lorsqu'elle parle de la phénoménologie comme signification de la conception du monde. Avant de revenir sur ses différents aspects, il est important de situer le problème de la phénoménologie à travers quelques données historiques de son existence. Cette étude se veut un survol des principaux thèmes qu'entretient la phénoménologie dans son développement.

I.1 Histoire de la phénoménologie

L'histoire nous savoir que cette branche de la philosophie a apparu pour la première fois au XVIIIème siècle sous la plume de J.H. Lambert dans son écrit intitulé : *Le Nouvel organon* (1728-1777).[6] Dans cet ouvrage, l'auteur y développe toute une idéologie propre à la notion de science et de la vérité. Dans cette œuvre, une partie de son approche est consacrée à la phénoménologie sous la rubrique de théorie de l'apparence.

---

[6] Waelhens, (Alphonse), «Phénoménologie», in *Encyclopedia Universalis*, corpus 18, Paris, Cerf, 1990, p.21.

De part cette rubrique, la phénoménologie est considérée comme l'étude des phénomènes identifiés à une apparence ou à une illusion. Un « phénomène » c'est, d'après le grec, « ce qui apparaît », ce qui se montre. La terminaison « *logie »* signifie, « le savoir, la science ». La phénoménologie, c'est donc la « science des phénomènes », la « science du phénomène », de ce qui apparaît.

La phénoménologie, fondée par Husserl (1859-1938), illustrée aussi par Heidegger (1889-1976), son disciple, est de nos jours un mode de philosopher parmi les plus marquants et les plus profonds. La phénoménologie professe que le phénomène, c'est l'être. On dit en général que ce qui compte, ce n'est pas le paraître, mais l'être ; or ici on nous dit : c'est l'apparaître qui compte ; il n'est pas simple apparence, il est l'être vrai.

En effet, il ne s'agit pas exactement de ce qui apparaît, il s'agit plus exactement de l'apparaître comme tel, de la manière dont le phénomène apparaît, de la manière dont il se montre, se révèle, se manifeste, de la manière dont il se donne à voir. Ainsi ne sera-t-il pas déformé par les idées, les préjugés, les désirs ; on ne peut le recevoir, et c'est alors qu'il apparaîtra dans la vérité de son être.

Ce qui apparaît traduit une sensibilité non illusoire et distincte de l'apparence. Le phénomène est l'être même de l'apparaître et non l'objet. Et selon Alphonse Waelhens, *La phénoménologie de l'Esprit* est considérée comme première œuvre de Hegel.[7] Alphonse Waelhens la définit en ces termes:

> « Cette œuvre a pour tâche de retracer comment, à partir de la conscience la plus humble et la plus abstraite (celle qui se borne à désigner son objet), le sujet (qui sera successivement la conscience, la conscience de soi, l'esprit) mû par l'opposition entre son concept et l'expérience qu'il en fait, surmonte cette opposition par l'élaboration d'un nouveau concept. [...] Ce parcours est identique au savoir absolu dans lequel il aboutit. Mais il présente le savoir dans phénoménalité de son devenir.[8] »

Chez Hegel, la phénoménologie s'occupe de l'expérience complète de la conscience qui désire, qui connaît et qui pense. Cette conscience en fait, prépare à l'émergence de la connaissance philosophique. La Phénoménologie de l'esprit est un domaine de la certitude et non du savoir. Et pour son essor historique, c'est avec Husserl que la phénoménologie s'est vraiment développée.

---

[7] Hegel, (G.W.), *La phénoménologie de l'esprit* (1807), trad. Par (Jean) Hyppolite, 2 vol., Paris, Aubier, 1939, 1980.
[8] *Ibid.,* p.22.

I.2 Edmond Husserl et la phénoménologie[9]

Dès le début, il y avait une mauvaise compréhension de l'idée principale de la phénoménologie d'Husserl, et cela a été compris par lui-même. C'est ce qu'il a souligné dans son *Postface aux idées directrices.*[10] Pour Husserl, il s'agissait de donner à la phénoménologie le caractère d'une œuvre collective. Ceci lui a valu la rupture avec ses collaborateurs. D'où, l'émergence des « cercles » de la phénoménologie dissociés. Ces cercles ont été créés parce qu'Husserl refusait à ce qu'on érige la phénoménologie à un système idéaliste. De même, l'application de la méthode descriptive dans les domaines de l'intentionnalité, a pourvu à renforcer l'unité de ces différents cercles phénoménologiques de Göttigen et de Munich. C'est ce qu'Edith souligne dans son écrit :

> « La phénoménologie se distinguait des différentes variantes du néo-kantisme et du criticisme parce qu'elle ne s'orientait pas sur les méthodes des sciences particulières, mais sur les choses elles-mêmes (pour y vérifier la validité des méthodes) : c'est pourquoi on a appelé retour à l'objet, le changement d'orientation qu'elle provoquait. Face à l'empirisme, qui ne prend appui que sur l'expérience sensible, elle s'est distinguée comme

[9] Pour la biographie de Husserl, cf. les œuvres suivantes: (G.) Gravel, *Le sens du temps et de la perception chez Husserl*, Gallimard, Paris, 1969; (E.) Levinas, *Théorie de l'intention dans la phénoménologie de Husserl*, 2ème édition, Paris, 1963; voir article sur Husserl in *Encyclopédia Universalis*, Paris, 1990, pp. 751-752.

[10] Husserl, (Edmond), *Postface aux idées directrices*, 1930.

science des essences; et suivant ces deux aspects elle parut bien rejoindre les plus vulnérables traditions: Platon, Aristote, scolastique [...]. Sur les points nommés, retour à l'objet et intuition des essences, Scheler et le cercle des disciples de Göttingen sont entièrement d'accord avec Husserl.[11] »

Cette nouvelle orientation impulsée par Husserl a influencé bon nombres de philosophes. Chez Husserl, la phénoménologie est considérée comme la psychologie descriptive de l'expérience interne. Pour lui, il ne faut pas enfermer la conscience dans un champ phénoménal parce que l'objet n'est pas contenu dans la conscience parce qu'elle est intention dirigée vers l'objet. Husserl n'est parti ni de la conception de Lambert, ni de celle de Kant et de Hegel pour poser son postulat. Il est parti de l'usage empirique du terme phénoménologie pour décrire les manifestations de la conscience.

Pour ce développement d'idéologie, René Scherer soulève certaines interrogations en ce qui concerne la méthode employée par Husserl. Pour lui, une question doit retenir notre attention, et elle se pose de manière préjudiciable. Est-ce que la phénoménologie de Husserl ne prend-elle pas son départ sur les mathématiques et la logique ? La deuxième interrogation fait remarquer s'il est possible de déceler une intention originelle et permanente

[11] Stein, (Edith), *Phénoménologie et philosophie chrétienne*, traduit de l'Allemand par (Philibert) Secrétan, Paris, Cerf, 1987, p.9.

de la réflexion philosophique chez Husserl ?[12] Les réponses peuvent être trouvées dans la notion de vérité objective, contraire à la notion de vérité subjective. Husserl veut découvrir une objectivité aussi commode que la relation logique ou mathématique.

La phénoménologie serait la science idéale qui atteindrait les vérités fondamentales par une connaissance intuitive, faisant table rase de toutes les idées reçues au préalable. Husserl pense atteindre de cette façon la réalité en soi et il place, à la différence de Platon, le monde des essences dans l'esprit et non dans les idées. En tant qu'assistante de Husserl, donc susceptible de mieux le connaître, Edith Stein nous révèle à travers ces mots, l'approche méthodologique de Husserl :

> « Il n'a pas commencé sa carrière scientifique comme philosophe, mais comme mathématicien. Néanmoins, étant un philosophe né, il ne pouvait pas simplement travaillé comme un mathématicien « normal » avec les concepts et les méthodes de la mathématique, car il y rencontrait difficultés et obscurités.[13] »

Au cours de ses recherches, selon Edith Stein, Husserl était arrivé à élaborer cette méthode parce qu'elle lui a

---

[12] Scherer, (René), *Phénoménologie des recherches logiques de Husserl*, Paris, PUF, 1967, pp.287-288.
[13] *Op.cit.* , p.6.

permis de reconnaître sa portée bien au-delà de son domaine d'application immédiat.[14]

De ce fait, pour s'imprégner de la phénoménologie de Husserl, plusieurs thèmes doivent être abordés. Les thèmes principaux qu'on rencontre du moins dans la phénoménologie de Husserl et que nous nous proposons de traiter sont les suivants: la théorie de l'intentionnalité, de la chose transcendantale et de la réduction phénoménologique pour comprendre la perception d'Husserl par Edith Stein dans sa démarche phénoménologique.

I.3 Quelques traits des thèmes de la phénoménologie de Husserl

Dans cette rubrique, beaucoup de points importants sont à discuter et si nous le faisons, le risque encouru serait de nous étaler sur toute l'approche globale de la phénoménologie d'Husserl. Aussi, malgré cette évidence, nous aimerions nous limiter à certains concepts qui pourront nous permettre de saisir les quelques idées principales de la phénoménologie d'Husserl.

I.3.1 La théorie de l'intentionnalité chez Husserl

Dans l'approche de la phénoménologie husserlienne, l'idée de la conscience intentionnelle n'est pas à négliger

[14] *Ibid.*, p.9.

raison pour laquelle Emmanuel Levinas en explique l'importance dans son livre à travers les propos suivants:

> « La proposition célèbre que toute conscience est conscience de quelque chose » résume la théorie husserlienne de la vie spirituelle: toute perception d'un perçu, tout jugement, jugement d'un état de choses jugé, tout désir, désir d'un désiré.[15] »

Pour Levinas, on peut retrouver à tous les niveaux de la vie spirituelle, l'évidence de la pensée qui est visée et intention. Dans cette approche, il est évident de définir le terme intentionnalité. Ce terme dérive du latin *intendo* qui signifie « se diriger vers » ou « s'étendre en direction de ». L'idée d'intentionnalité, c'est donc simplement une idée de directionnalité. Nous savons tous que la phénoménologie décrit la conscience comme intentionnalité parce qu'être conscient, c'est toujours être conscient de... quelque chose.[16]

Dans l'œuvre d'Edmond Husserl, Levinas tente de faire saisir par les lecteurs le sens exact de l'intentionnalité. Ce n'est pas une apologie de la relation ou de la corrélation entre « sujet » et « objet », car pour Husserl, le rapport de l'intentionnalité n'a rien des rapports entre objets réels. La

---

[15] Levinas, (Emmanuel), *En découvrant l'existence avec Husserl et Heidegger*, Paris, Vrin, 1974, p.21.

[16] *Ibid.*

phénoménologie, au moyen de sa fameuse *épochè*, surmonte justement la naïveté de toutes formes de réalisme.[17]

L'intentionnalité est plutôt, et Levinas souligne ce point : « essentiellement l'acte de prêter un sens (la *Sinngebung*).[18] » L'attention portée à des actes intentionnels, à des essences est en prolongement direct des Recherches logiques.[19]

La première perception de l'intentionnalité s'inscrit dans le domaine des significations verbales qui est différent du domaine de la constitution du temps immanent. Il faut que les mots que nous employons puissent avoir un sens significatif pour nous. Le mot doit avoir une dimension dynamique qui appelle un mouvement et saisir ce mouvement, c'est saisir en même temps le mouvement de l'intentionnalité. Ce qui traduit en fait que l'expression de la signification est le domaine de définition principale de la notion d'intentionnalité. Edith Stein conçoit cette pensée de la manière suivante:

> « D'une manière caractéristique pour la phénoménologie, elle part du sens des mots, distingue soigneusement les différentes significations que l'usage donne aux mots et s'avance ainsi progressivement, par la mise en évidence d'un sens précis des mots, vers les choses elles-mêmes [...]. Or, les choses elles-mêmes

---

17 Husserl, (Edmond), *Idées directrices pour une phénoménologie et une philosophie phénoménologiques pures*, Paris, 1950.

18 *Ibid.*

19 *Op. cit.*, p.22.

> auxquelles les sens des mots doivent donner accès ne sont pas des choses singulières empiriques, mais comme le sens lui-même quelque chose de général: l'idée ou l'essence des choses.[20] »

L'idée de la conscience intentionnelle est pour le phénoménologue l'évidence de la nécessité d'une phénoménologie. Le mot en tant qu'expression n'est pas utilisé pour lui-même, il nous donne la possibilité d'accéder à une signification qu'il peut traduire. Parce que la conscience est toujours visée intentionnelle d'un objet. De ce fait, et selon Levinas:

> « Ce n'est pas le fait qu'un objet extérieur entre en relation avec la conscience ni que dans la conscience même un rapport s'établit entre deux contenus psychiques, emboîtés l'un dans l'autre. Il est essentiellement l'acte de prêter un sens.[21] »

Chez Husserl, l'identification est constituée par le fait du sens. C'est le processus de la constitution de l'objet et c'est le socle sur lequel s'établit l'événement fondamental de la pensée. N'oublions pas cependant que chez Husserl, penser veut dire identifier. A ce stade, Alphonse Waelhens souligne dans son article, deux thèses qui ont apparu dans la réflexion husserlienne.

---

[20] Stein, (Edith), pp. 7-8.
[21] Levinas, (Emmanuel), p.22.

La première thèse :

> « Il y a autant de manière de viser intentionnement l'objet qu'il y a de manière pour l'objet, d'être donné ou d'apparaître. La description de ces divers modes, tant sur le plan noétique (la visée) que sur le plan noématique (le type d'apparaître) est une des tâches de la phénoménologie.[22] »

La seconde thèse :

> « La perception et le percevoir jouissent sur les autres modes de viser et d'apparaître d'un certain primat en ce sens que tous les modes, quoique foncièrement différents du mode perceptif, sont néanmoins fondés en lui.[23] »

De cette analyse, nous pouvons constater que l'adéquation de la pensée et de l'objet confirme l'intention intuitive parce que l'objet y est perçu tel qu'il a été visé. Partant de là, le concept de la vérité se dégage de l'intuition qui saisit l'objet. Comme Levinas le souligne en ce qui concerne Husserl, « la vérité du jugement suppose l'intuition et l'évidence.[24] »

---

[22] Waelhens, (Alphonse), «Phénoménologie», p.22.
[23] *Ibid.*
[24] *Op. cit.*, p.27.

I.3.2 La théorie de la chose transcendante

La notion de la transcendance est très vaste et vague pour être circonscrite totalement. Cette notion est analysée à travers l'évolution de la science. Pour comprendre le transcendantal, il faut revenir sur le développement de la philosophie de Husserl. Dans un ouvrage écrit en allemand qui a pour titre : « *Die Krisis der modernen Wissenschaft und die transcendantale Phaenomenologie* » (La crise de la connaissance moderne et la phénoménologie transcendantale), Husserl y constitue les jalons de la phénoménologie transcendantale et de la conscience transcendantale.

Edith Stein présente les différentes démarches qui ont amené Husserl a adopté cette méthode en ce qui concerne le transcendantal. D'abord, elle trouve que ce prédicat constitue une nouveauté chez Husserl.

> « La phénoménologie doit être une science fondamentale. Si elle devait examiner les présupposés de toutes les autres sciences, et même des expériences préscientifiques, elle ne pouvait supposer définitivement établir aucun résultat des sciences positives, ni ne pouvait sans autre faire usage de l'expérience.[25] »

Cette conception traduit le point de départ de Husserl selon Stein. Il a fait recours à un doute qui est semblable à celui de Descartes. Mais qu'est-ce que le doute cartésien ?

---

[25] Stein, (Œdith), p.9.

Il est vrai que pour Descartes, le problème de la connaissance a commencé à se poser à la conscience de l'homme par sa présence dans l'univers du fait que la pensée ne veut rien laisser en dehors d'elle. En effet, la première connaissance certaine qui se présente à celui qui conduit ses pensées par ordre, concerne l'existence du sujet pensant. Dans les différentes démarches mêmes du sujet pensant, va surgir d'après Descartes, une vérité indubitable.

> « Et remarquant que cette vérité, je pense donc je suis, était si ferme et si assurée que toutes les extravagantes suppositions des sceptiques n'étaient pas capables de l'ébranler, je jugeais que je pouvais la recevoir sans scrupule pour le premier principe de la philosophie que je cherchais.[26] »

Descartes poursuit sa démarche et ajoute : « je puis douter de tout sans penser, et si je pense, il faut que je sois.[27] » Le doute rencontre ici la science même de Descartes. Il va la rejeter aussi. Il ne s'agit donc plus d'un doute intérieur à la science, ou permettant de la constituer, mais d'un doute intérieur mettant en question la science elle-même, et posant le problème de sa valeur, de sa portée ontologique. La vérité des mathématiques ne dépend pas de l'existence de leurs objets. Elle n'en sera pas moins mise en doute. De la sorte, le doute va atteindre ce que l'on pourrait appeler les conditions a priori de la représentation.

---

[26] Descartes, (René), *Discours de la méthode*, Collection Folio, Essai, Ed., Paris, Gallimard, 1966, p.103.

[27] Descartes, (René) *Œuvres et Lettres*, Paris, Gallimard, Paris 1966, p.17.

Descartes ne se contente pas de douter. Il tient les opinions douteuses pour fausses. Cet exercice a pour but de plier le jugement dans le sens inverse de celui de nos habitudes.

Le *cogito* cartésien marque un tournant décisif en apparaissant comme la première vérité. Car si ma pensée me fait être, il s'en suit qu'elle me constitue. En me constituant, le *cogito* se saisit lui-même en tant que spiritualité pure dans l'ascèse du doute. Il est un modèle d'idées vraies et, grâce à lui, on accède à la vérité de l'existence de l'âme. Par le *cogito*, Descartes s'affirme existant et une chose pensante.

Et cette chose pensante n'est pas une chose matérielle, mais plutôt une « substance » spirituelle, c'est à dire une âme pensante.

En effet, pour Descartes, il est évident que je pense, mais il n'est pas évident que ce que je pense existe en dehors de moi qui le pense. Ce que je pense ne pourrait exister que dans ma tête. En me découvrant dans le doute, je découvre Dieu ou, si l'on préfère, je me découvre dans ma relation à Dieu, seul garant des vérités et du *cogito*. C'est en ce sens qu'il affirme : « c'est en Dieu que ma pensée doit se placer pour y trouver le principe d'une marche progressive, destinée à éclairer, à fonder, et à coordonner mes connaissances jusque-là disjointes, mal assurées, et à remettre toutes choses à leur vraie place.[28] »

---

[28] *Ibid.*, p.18.

Le doute cartésien se différencie du coup, de celui des sceptiques qui ne doutent que pour douter en s'attaquant au raisonnement sans toucher la pensée elle-même. Par rapport aux sceptiques, Descartes affirme la puissance du *cogito* en mettant l'âme face à elle-même. Cette substance spirituelle est entièrement distincte du corps. Ainsi, par le *cogito*, Descartes est parvenu à découvrir l'existence de l'âme, cette substance spirituelle par laquelle il s'affirme comme chose pensante. *Le Dictionnaire de philosophie* dit ceci du *cogito* : « c'est un verbe latin qui signifie:« je pense » [...] résume traditionnellement ce qui constitue pour Descartes la première vérité indubitable grâce à son évidence.[29] »

Nous pouvons énoncer indifféremment le *cogito* comme suit : *cogito ergo sum* qui signifie: « je pense, donc je suis» ou encore *ego cogito, ego sum*: « je pense, je suis ». Par ailleurs, dans le *Vocabulaire technique et critique de la philosophie*, il ressort que le *cogito* est un « argument tirant de l'existence de la pensée actuelle, la réalité de l'âme en tant que substance individuelle.[30] »

Ceci démontre la prise de conscience du sujet « je » en tant que sujet et non objet. C'est ainsi que Descartes affirme: « je suis une chose qui pense.[31] » Alors au même titre que la pensée, la conscience est l'essence de l'âme parce qu'elle est présente à l'esprit et exprime le psychisme, c'est-

---

[29] Durozoni, (Gérard) et (A). Roussel, *Dictionnaire de Philosophie*, Nathan, Paris, p.71.

[30] Lalande, (A.), *Vocabulaire Technique et Critique de la Philosophie,* PUF, Paris, 1926.

[31] Descartes, (René), *Méditations Métaphysiques*, Paris, PUF, 1956, p.43.

à-dire, la réalité mentale. Et dans un esprit radicalement nouveau, Descartes va lutter contre le scepticisme grâce à sa nouvelle méthode de doute méthodique, et à son *cogito*. Cette nouvelle méthode a permis à Descartes de parvenir à la certitude de son existence, de l'existence de Dieu et de celle du monde extérieur.

Cette première évidence nous amène à distinguer la connaissance du moi pensant, seule claire et distincte, de celle des corps pour laquelle les sens ne nous sont en fait d'aucun secours. Aussi, la connaissance des objets extérieurs à notre substance pensante nécessite-t-elle un long détour pour la garantir, à savoir la certitude de l'existence de Dieu et de son caractère non trompeur ? L'homme est la solution aux problèmes existentiels qui se posent à lui. Telle est l'image que Descartes nous propose à travers le *cogito*. Comment Husserl est-il venu à circonscrire sa pensée sur le doute ?

Le *cogito*, au sens le plus large de la vie-du-Moi, est présenté comme un champ infini de descriptions immanentes, et consiste à la tâche d'une science particulière, la phénoménologie transcendantale.[32] Partant de là, le doute d'Husserl se dégage de la manière suivante:

> « Il n'est pas nécessaire que ce que je pense soit vrai, il n'est, il n'est pas nécessaire qu'existe ce que je perçois : tout peut s'avérer n'être qu'une erreur, rêve, tromperie; mais je ne peux pas mettre en doute

[32] Stein, (Edith), p.10.

> le fait que je pense, perçois, [...], ni que moi qui pense, qui sens, qui doute, je suis là. Là j'ai, sans aucun doute possible, des faits absolument certains.[33] »

Le point culminant de cette approche que Stein trouve comme principe nouveau, est qu'Husserl ne s'arrête pas simplement au *cogito,* il va au-delà de celui-ci pour y découvrir tout un domaine de certitudes indubitables axé sur la conscience. Cette découverte constitue par excellence, le domaine de prédilection de sa phénoménologie. C'est grâce au concept de constitution que Husserl cherche à éclairer le problème de la transcendance.

Comprendre l'intentionnalité et passer du concept de visée à celui de constitution, c'est d'ailleurs une des lignes principales d'évolution de la philosophie husserlienne. La réalité, l'imaginaire et l'objectivité sont constitués comme tels par des actes de conscience. A l'époque des recherches logiques, il refuse toutefois de rapporter cette constitution à l'activité d'un sujet. C'est justement la référence à un sujet transcendantal, foyer des synthèses constituantes, qu'introduisent les Idées.

Pour Stein, dans la phénoménologie transcendantale de Husserl, le transcendantal (c'est-à-dire la conscience pure constituant le monde) est amenée à l'expérience comme « champ d'une philosophie méthodique du travail, et cela

---

[33] *Ibid.*, p.9.

dans l'évidence que, partant de là, tous les problèmes philosophiques et scientifiques du passé peuvent être à nouveau posés et résolus.[34] »

I.4 La théorie de la réduction phénoménologique

Dans la perspective de la recherche husserlienne et de la réduction phénoménologique, si nous voulons saisir la parenté entre le connaissant et le connu, il nous est enjoint d'aller vers le phénomène uniquement sur le mode de la réduction. Le réel est mis entre parenthèse sous la forme de l'*épochè*, et ce que nous saisissons de lui est le phénomène, non pas ce qui est, mais ce qui se donne à nous. A sa manière, Husserl dépasse l'aporie de la chose en soi, il ne s'agit pas de statuer sur ce qu'est le réel en lui-même, mais le réel dont nous parlons est celui qui se donne à un sujet précis. Par contre selon Levinas :

> « D'une part, la mise entre parenthèses de la thèse de l'existence du monde est fondée sur la relativité de notre connaissance du monde et d'autre part, l'évidence de la réalité du monde n'est jamais achevée. [...], le monde existe de telle façon qu'il n'est jamais garant de sa propre existence.[35] »

Ce qui est nommé, par exemple dans les leçons sur *l'Idée de la phénoménologie*, « l'attitude de pensée naturelle » consisterait justement à s'attacher aux choses, à l'existence

---

[34] *Ibid.*, p.21.
[35] Levinas, (Emmanuel), p.37.

de réalité s'adressant directement à la connaissance ; car Husserl s'intéresse au caractère problématique de la connaissance, la connaissance n'est pas enfermée dans l'existence immédiate de la sensation.[36] Si ce qui va de soi, pour la pensée naturelle, c'est la possibilité de la connaissance, pour la phénoménologie, cela constitue au contraire la question préalable. Emmanuel Levinas, pour trouver une solution à ce problème, souligne ce qui suit:

> « Si la vie intellectuelle s'est transformée en technique et que j'exerce ma pensée sur certains objets au lieu d'avoir toute la clarté nécessaire à ma vie spirituelle [...] Il faut donc que je retrouve la pensée originelle où cette situation s'est constituée; il faut retrouver les premières évidences qui m'ont permis de me poser comme objet.[37] »

Le travail phénoménologique commence par la réduction : il faut suspendre, mettre entre parenthèses notre croyance en un monde objectif. Ce qui apparaissait à la pensée naturelle comme un fait se trouve alors réduit au statut d'objet de conscience, visé, mais surtout constitué par une visée intentionnelle. Au terme de la réduction, l'être est converti en sens, et le sujet se découvre comme le fondement du monde. C'est l'analyse des structures constituantes qu'il s'agit avant tout d'effectuer

---

[36] Husserl, (E.), *L'idée de la phénoménologie*, coll. Epiméthée, Paris, PUF, 1997.

[37] Levinas, (E.), *En découvrant l'existence entre Husserl et Heidegger*, p.36.

Pour Husserl, la réduction phénoménologique n'est pas quelque chose d'abstrait, elle n'est ni considérée comme une conscience en général. Elle a sa particularité. Elle est une possibilité évidente en chacun de nous, une possibilité très concrète et plus objectivant que notre propre nature humaine. La réduction phénoménologique doit nous aider alors à nous libérer à l'égard du monde.

I.5 Heidegger et la philosophie existentiale[38]

Par rapport à l'approche phénoménologique, Édith Stein est entrée en débat avec Heidegger à propos de son livre intitulé en allemand *Sein und Zeit* (Être et le temps). La position centrale du *Dasein*, le problème soulevé par l'évidence du souci et du problème de la mort, constituent autant de questions et de débats qu'Édith Stein soulèvent dans son ouvrage. La lecture de l'*Être et le Temps* paraît très difficile.

Pour Heidegger, seul, l'homme est capable de poser le problème de l'être, source fondamentale de toute existence. Si la réalité humaine se perd souvent dans la vie inauthentique, elle peut se retrouver dans son authenticité, en particulier par l'expérience privilégiée de l'angoisse, où disparaît alors le paysage rassurant de notre agir quotidien, lequel cède ainsi la place au néant, mais aussi à la vérité de l'être. Comme le souligne Edith Stein:

---

[38] Pour la biographie d'Heidegger, voir annexe et (J.) Beaufret, «Heidegger», in *Encyclopedia Universalis*, Paris, 1990, p. 259; Birault, (H.), *Heidegger et l'expérience de la pensée*, Gallimard, Paris, 1978.

« Ce qui caractérise sa philosophie est la volonté de comprendre la vie et la situation de l'homme dans la vie [...] il ne cherche pas seulement à investiguer l'essence des choses en se donnant à elles dans un oubli total de soi, mais qu'il prend pour discipline philosophique fondamentale l'analyse du *dasein*, c'est-à-dire dans un langage usuel : du moi ou du sujet qui se distingue de tout ce qui est parce qu'il est là pour soi. Il appartient inévitablement au Dasein d'être au monde.[39] »

I.5.1 Heidegger et le *Sein und Zeit*

Dans cet ouvrage, Heidegger était parti d'un bon pas sur une analyse de l'homme, le *Dasein* qui signifie « être là ». Dans cette approche, Heidegger pose le sens de la phénoménologie du point de vue de sa fondation. Il critique la prétention à l'universalité de la méthode de l'analyse intentionnelle constitutive de Husserl. Par contre, il fait émerger dans son travail, la question centrale de l'être que Husserl met toujours en relation avec « la donation du sens de l'être ». Cependant, pour Heidegger, la manifestation du phénomène n'est pas éclairée par une structure de la conscience, mais elle renvoie à une structure d'être de l'existant. Le point de rupture avec Husserl se dessine à travers ces différents concepts. Edith Stein nous fait entrevoir ce point de rupture : « pour voir où Heidegger se sépare de Husserl, il convient de compléter la

---

[39] Stein, (Edith), *Phénoménologie et philosophie chrétienne*, p.12.

présentation de la phénoménologie de Husserl.[40] » Et selon Edith Stein :

> « Aucun ouvrage paru ces dix dernières années n'a sans doute eu sur la pensée philosophique une influence aussi marquante que celui-ci, même si l'on a souvent l'impression qu'on se contente d'en reprendre le vocabulaire inusité, sans en connaître la signification et sans voir qu'on l'utilise abusivement [...] On ne peut donc que tenter d'en dessiner les lignes essentielles et, dans le mesure du possible, de prendre position.[41] »

Dans *Sein und Zeit*, Heidegger pose la question fondamentale de l'être. Il le nomme *Dasein*, c'est-à-dire « être-là », en ce sens qu'il se distingue par son être même qui fait qu'il est *Sein* en tant qu'il est là : *Da*, dans le monde. D'où la triple tâche de l'analyse existentielle : mettre en lumière l'être-au-monde ; révéler l'être-au-monde dans sa temporalité ; distinguer le temps comme sens transcendantal de l'être. A cause de la richesse de cette œuvre, on ne peut faire apparaître les grandes analyses qui s'y trouvent et encore comme Edith Stein le souligne, il est très difficile de comprendre Heidegger à cause de son langage et à cause de la difficulté de traduction des citations pour la version française. C'est ainsi que dans l'œuvre d'Edith Stein, Philibert Secrétan confesse cette difficulté.

---

[40] *Ibid.*, p.12.

[41] *Ibid.*, pp.63-64. :

> « L'épineuse question de la traduction des citations, extrêmement nombreuses et souvent hachées de Heidegger [...], j'ai pris le parti de ne pas me régler sur les traductions existantes, alors même que Alphonse de Waelhens, en ce qui concerne *Sein und Zeit*, a imposé sa marque. Je les estime suffisamment fondées, linguistiquement et philosophiquement, pour oser me présenter sans crainte devant le tribunal de critique.[42] »

Déjà cette crainte justifie la difficulté de lecture de cet ouvrage. Comment peut-on alors arriver à comprendre les œuvres d'Heidegger ? C'est pour réponde à cette question que Marlène Zarader[43], dans son livre : *Heidegger et les paroles de l'origine*[44], donne la méthodologie qui constitue la clef d'interprétation et de compréhension d'Heidegger. Avant d'arriver sur la méthode de lecture donnée par Zarader, il est nécessaire de souligner le but pour lequel, ce livre a été écrit.

Pour Heidegger même, ce livre a été pour poser une fois de nouveau la question de l'être parce que pour lui, « Toute ontologie [...] reste au fond aveugle et tourne le dos à son propre projet, si elle n'a pas préalablement mis au clair le sens de l'être, et si elle n'a pas compris que cette élucidation

---

[42] Secrétan, (Philibert), «Introduction», in *Phénoménologie et philosophie chrétienne*, p. VIII.

[43] Zarader (Marlène), est professeur et ses travaux portent la plupart du temps, sur la philosophie allemande contemporaine.

[44] Zarader, (Marlène), *Heidegger et les paroles de l'origine*, J. Vrin, Paris, 1986.

est sa tâche fondamentale.[45] » La justification de ce but est comprise par Edith Stein comme quoi, jusque-là, personne n'est parvenue à trouver une réponse à ce problème et de même, personne n'a posé la bonne question.

> « Les tentatives initiales de Platon et d'Aristote n'avaient pas pu aboutir parce que l'ontologie antique avait pris pour l'être en soi un certain mode d'être, le « se-trouver là ». On a continué à présupposer que l'être est ce qu'il y a de plus général et de plus évident qui n'est susceptible d'aucune définition.[46] »

Heidegger commence d'abord par décrire les structures fondamentales du *Dasein*. C'est d'abord un « être-avec », et cet « avec » se définit par rapport aux autres êtres humains, les objets de la civilisation concrète, qui constituent « le monde autour ». Le *Dasein* apparaît à lui-même au travers de sa quotidienneté et doit assumer son « être-jeté-dans-le-monde » comme projet d'existence. Ensuite, en tant qu'« être-dans », le *Dasein* est constamment en proie à la tentation de déchoir dans l'inauthentique et la diversité de la quotidienneté. Il découvre alors qu'il est déterminé par le néant qui est le fondement de son être, découverte qui coïncide avec celle de la temporalité. Le sens même du *Dasein* est effectivement son « être-pour-la-mort.[47] »

---

45 Heidegger, (Martin), *L'être et le temps*, Trad. (R.) Boehm et (A.) de Waelhens, Gallimard, Paris, 1964, p.11.

46 Stein, (Edith), p.64.

47 *Ibid.*, p. 13.

Les concepts fondamentaux de la philosophie de Heidegger sont les suivants : celui d'Etre, racine fondamentale et source de toutes choses ; l'homme est le seul étant pouvant s'interroger sur l'être ; celui d'étant, défini comme être concret, particulier, existant dans sa réalité empirique ; celui de *Dasein*, être-là, existant (humain), se projetant hors de soi-même et au-devant de soi-même et celui de déréliction, comme caractère du *Dasein* jeté dans le monde et abandonné à lui-même.[48] Une telle interrogation relève d'une expérience de type spirituel, sotériologique, celle d'un salut de l'esprit. Et Edith Stein a fait sienne cette analyse dans son cheminement vers la foi.

I.5.1.1 Comment comprendre Heidegger

Dans l'introduction de cette section, nous avons souligné que pour comprendre Edith Stein et Martin Heidegger, il faut utiliser deux méthodes : à savoir celle historico-critique et corrélative. Justement, dans l'approche de Marlène Zarader, ces deux méthodes ont été utilisées. Mais en quoi consistent-elles ? Pour Zarader, s'il faut poser la question de l'être, il faut se référer à l'histoire et la question deviendra comme question de ce que fût l'être dans l'histoire. Et ce faisant, l'histoire se dégagera comme une ouverture de compréhension pour la connaissance de l'être.

> « La question de l'être ne peut être éclairée que par une méditation renouvelée de l'ouverture de cette

---

[48] *Ibid.*

> histoire. C'est cette ouverture qui, en décidant de la figure sous laquelle l'être fut «envoyé», déterminera les traits directeurs de la pensée occidentale et fixera notre destin.[49] »

Cette procédure de s'ouvrir à l'histoire de la philosophie pose le problème de l'origine et du commencement. La méthode historico-critique consiste à répartir dans l'histoire pour déterminer la base même des mots qui sont employés, et les contextes dans lesquels ces mots ont été utilisés. Cette méthode est caractérisée selon Zarader, par deux procédés déterminés même par Heidegger.

> « Le premier est le *Schritt zurück*. Les totalités thématiques sont parcourues sur le mode du pas en arrière : en chacune des paroles fondamentales, nous sommes partis des acceptions les plus dérivées pour rétrocéder jusqu'à un espace sémantique plus originel, afin d'en dégager la vérité encore impensée [...], au *Schritt zurück* est venu s'adjoindre cette autre constante de la démarche heideggérienne qu'est la circularité. Tout se passe comme si, partant des différents arcs d'une circonférence, nous remontons chaque fois, mais à partir d'un éclairage distinct, vers le centre commun.[50] »

Cependant, la critique ne veut soumettre le texte aux critères d'une raison autonome. Elle s'enquiert des raisons des textes, de leur comment (forme) et de leur pourquoi

---

[49] Zarader, (Marlène), p.18.
[50] *Ibid.*, p.22.

(histoire). Cette démarche donne plus de possibilités pour déterminer la racine des mots et en même temps, recourir à l'interprétation qui ne peut se faire qu'à partir de ces racines. Quels contenus ces mots avaient-ils au moment de leur émergence, quelle équivalence dynamique peut-on trouver en eux *hic et nunc* et surtout dans les œuvres d'Heidegger? Et quel est le processus engagé par ce principe de circularité? Pour ce faire, Zarader nous souligne les faits suivants:

> « Il apparaîtra très vite que la circonférence est constituée par la lecture tardive des premières paroles et qu'à partir de celle-ci, nous rétrocéderons chaque fois vers ce centre commun qu'est l'expérience précocement grecque de l'être, par-delà le commencement, vers un horizon plus lointain encore que nous avons nommé origine.[51] »

La recherche de l'origine et du commencement détermine de façon cruciale, la méthode de la critique de l'histoire chez Heidegger. Le souci de cette méthode est de faire ressortir les deux traits qui caractérisent ce philosophe et de façon schématique, Zarader dira qu'« il s'agirait de décider ce que vaut Heidegger comme interprète ou comme historien; dans l'autre, il s'agit d'élucider ce qu'il dit, comme penseur.[52] » Zarader découvre Heidegger sous les traits d'un historien et un interprète, ainsi que d'un penseur. Ces deux figures ont pour chacune d'elle, une fonction

---

51 *Ibid.*

52 *Ibid.*, p.18.

propre pour leur développement. Il existe deux perspectives pour leur évolution.

> « La première perspective conduirait à prendre pour référent un texte (les fragments des Présocratiques) afin d'y mesurer une lecture (celle de Heidegger). La question essentielle serait alors la suivante : dans quelle mesure la lecture heideggérienne rend-elle justice à ce texte ? [...] La seconde perspective consiste à considérer une pensée (celle de Heidegger) afin d'en mesurer la cohérence interne.[53] »

La question de l'être n'échappe pas à cette seconde perspective, et elle n'échappe non plus à la pensée de l'origine et du commencement. Tel est l'enjeu de la méthode de lecture d'Heidegger de l'*Etre et le temps*.

I.5.1.2 L'essence de l'Être

La seule question qui a de tout temps embarrassée la conscience humaine est celle de savoir ce que veut dire « être ». Cette question a été débattue et les réponses qu'elle a contribuées à trouver sont du domaine ontologique. Le discours ontologique nous aide à situer le sens des mots dans leur essence.

Pour la philosophie, elle est considérée comme le discours initial et dans ce cadre de la recherche de l'essence

---

53 *Ibid.*

de l'être, l'évidence serait d'utiliser le mode de la circularité pour circonscrire ce concept. Il s'agit là de saisir la vérité, et de l'ontologie et de l'être lui-même au de-là de la pensée des premiers philosophes grecs dans le but de savoir ce qu'être a exprimé au début de sa naissance. Dans ce cas, nous devons répartir à l'histoire de l'émergence de la pensée grecque pour le situer et ce, à travers les penseurs grecs qui ont eu à l'utiliser bien avant le monde contemporain, et la raison de ce retour se dégage dans cette présupposition de Heidegger.

> « Si « être » est bien ce qui parcourt et meut la pensée, et si les premiers penseurs sont bien des penseurs authentiques, alors nous avons le droit de supposer que tout ce qu'ils disaient d'essentiel était non seulement marqué par leur compréhension de l'être, amis encore disait constamment l'être, et ne faisait que cela.[54] »

Comprendre cette finitude qui est l'essence même de la temporalité, c'est pour l'homme de découvrir son destin qui s'inscrit dans l'histoire commune de toute sa génération. Cet ouvrage a une portée considérable pour les autres philosophes existentialistes. Que signifie donc ce passage de l'homme à l'Être ? Il s'agit de se méprendre d'une illusion qui ferait de l'homme un centre de référence au fondement de ce qui est. Ce n'est pas l'homme qui fait advenir ce qui est, et il n'a pas à diriger ou à rectifier le cours de l'histoire

---

[54] *Ibid.*, p.34.

de l'Être, mais doit bien plutôt s'y soumettre comme on se soumet à un destin qui nous dépasse.

Cette présupposition, dans son application soulève encore un autre problème qui rejoint celui que nous avons soulevé, c'est-à-dire l'origine. Le travail va consister alors à définir le concept « être » du grec en français selon Zarader.

> « Entendre ce que dit cette toute première parole de l'être exige deux mouvements successifs. En premier lieu, un retour vers la langue : il s'agira de traduire le mot lui-même, c'est-à-dire de nous traduire[55] devant lui, afin de l'entendre « en mode grec », seul moyen de circonscrire son champ originel de signification. En second lieu [...], il s'agira alors de déterminer, à la lumière de certains fragments d'Héraclite, ce qui constitue l'essence ou la vérité de la *Phusis* ainsi définie.[56] »

La problématique de l'origine se pose aussi pour sa traduction en français. Heidegger utilise deux mots

---

[55] Cette expression mérite d'être élucidée. Nous avons souligné que la traduction des mots allemands en français posent dans les œuvres de Heidegger, de grands problèmes et précisément dans cette citation, un problème apparait et Zarader nous le définit : «Heidegger joue fréquemment, pour définir le propre de la traduction, du double sens que peut prendre le mot allemand *Übersetzen* selon l'accentuation qui lui est donnée. Bien que cette différence d'accentuation n'ait pas d'équivalent en français, notre verbe « traduire » en conserve toutefois un faible écho. C'est cette accentuation que Heidegger s'efforce de faire entendre dans la notion courante de « traduction ». *Ibid.*, p.35.
[56] *Ibid.*

allemands à savoir: *Beginn* et *Anfang* que certains de ses interprètes traduisent par «commencement et début». La question est de savoir si cette traduction est fidèle à la pensée de Heidegger ? Pour ce faire, il faut procéder à la définition en français de ces deux mots. Qu'est-ce qui est traduit par « commencement et début » en français ? Par la suite, il faut aussi déterminer qu'est-ce que *Begin* et *Anfang* traduisent dans la pensée heideggérienne ?

Dans la langue française, les deux mots se recoupent dans leur existence et ils sont inscrits dans le même registre, malgré la nuance qu'on peut rencontrer dans leur sens étymologique selon Zarader.

> « Il est impossible de remarquer entre eux une hiérarchie de « profondeur » [...]. La seule différence perceptible, au demeurant sujette à débat, concerne leur durée réciproque. Le commencement dit le premier moment du processus, une première partie dans le temps, donc fait signe à une étendue temporelle, fût-elle même minime; il peut durer, le temps d'un apprentissage ou d'une initiation, par exemple.[57] »

Cette ébauche de réponse en ce qui concerne le commencement nous révèle que c'est un acte initial qui est posé et pour lequel, le domaine d'application se poursuit dans le temps. L'efficacité se traduit par sa dynamique d'action. De même, le début traduit cet acte initial qui est

---

[57] *Ibid.*, p.24.

posé mais cependant, il est localisé dans le temps et de par sa définition étymologique, « il indiquerait un point de départ ponctuel : comme « premier coup au jeu », il évoque le premier départ d'une action.[58] » Cependant, dans leur exercice, cette nuance est dissipée.

Pour les deux mots en allemand, *Beginn* et *Anfang*, leur traduction en français est l'équivalent de ce que nous avons déjà analysé, à savoir que *Beginn*, peut être aussi traduit par commencement, et que la traduction d'*Anfang* donne également le sens d'un début considéré comme « premier coup de jeu ». Cependant, dans l'approche de Heidegger, il existe une différence entre commencement et début.

> « Le commencement *Beginn* de la pensée occidentale n'est pas identique à l'*Anfang*. L'*Anfang* est ce qui nous a toujours déjà devancé (*was uns schon überholt hat*), non comme un passé révolu qui se tiendrait derrière nous, mais comme ce qui tire, attire préalablement à soi tout ce qui se déploie, et qui ainsi ne vient à nous qu'en nous précédent (*uns worauswesend erst auf uns kommt*) [...]. Le commencement est l'enveloppe qui voile l'*Anfang*, et le voile même de manière inévitable. L'*Anfang* se cache (*verbirgt sich*) dans le commencement.[59] »

Quelle définition peut-on de façon claire avoir du commencement et du début ? Nous nous rendons compte

---

[58] *Ibid.*

[59] *Ibid.*, p.25.

à travers ces explications qu'il n'est pas évident de circonscrire et de comprendre les expressions allemandes qu'on rencontre chez Heidegger. Pour simplifier cette déclaration, Zarader tente de nous éclairer et expliquer que le commencement est ce avec quoi quelque chose se lève (*womit etwas anhebt*) et que l'*Anfang* est ce d'où quelque chose jaillit (*woraus etwas entspringt*).[60]

Pour trouver une équivalence dynamique, il faut faire recours à un autre terme en allemand pour désigner l'origine. Il s'agit d'*Ursprung*. Ce qui donnera les faits suivants : le commencement sera traduit par *Beginn*, et l'origine, par *Ursprung*. Cependant l'*Anfang* n'a pas de traduction selon Zarader.

> « A vrai dire, nous autres hommes ne pouvons jamais *mit dem Anfang anfangen*, cela, un dieu seul le peut, mais nous devons commencer, c'est-à-dire faire de quelque chose le levier qui seul conduit à l'origine *Ursprung* ou fait signe vers elle.[61] »

Voilà ce qu'on peut soulever comme problèmes relatifs aux concepts de l'origine et du commencement. Pour revenir à la question de l'essence de l'être, et toujours en utilisant le mode de circularité, il nous semble nécessaire de commencer par la notion du *Phusis*.

---

60 *Ibid.*

61 *Ibid.*

I.5.1.3 Le concept de la *Phusis*

De manière générale, *phusis* est une expression qui désigne la croissance. Ce qui va nous intéresser dans cette démarche heideggerienne, c'est de chercher à comprendre comment les premiers philosophes en sont-ils venus à utiliser ce concept de *phusis* qui évoquait l'idée de croissance ? Pour Heidegger, les premiers philosophes n'avaient pas la même définition que celle donnée par le dictionnaire dans son sens étymologique mais « ils l'attendaient dans une autre direction, qui pourrait être définie par les trois mots d'avancée (*Hervorgehen*), d'épanouissement (*Aufgehen*) et d'ouverture (*Sichöffnen*).[62] »

Comment saisir alors ces différentes données ? Pour Heidegger, la conception grecque de la croissance est décrite à travers ce qui apparaît, ce qui éclos et Heidegger prend l'exemple de l'épanouissement d'une rose. Quel est le processus de cet épanouissement ? C'est qu'en éclosant, la rose se donne à voir, elle paraît au monde en s'ouvrant et ce faisant, elle détermine sa présence dans la présence de l'existence et c'est ainsi qu'il définit, dans le sens grec, le mot *phusis*.

> « Ce qui s'épanouit à partir de soi [...] l'action de se déployer en s'ouvrant et, dans un tel déploiement, de faire son apparition, de se tenir dans cet

[62] *Ibid.*, p.36.

> apparaître et d'y demeurer, en bref: il dit le règne (de ce) qui s'épanouit et qui dure.[63] »

Cet exemple de la rose qui s'épanouit est aussi évident pour tout ce qui existe et qui est. Dans cette ouverture, tout étant peut s'y tenir quel que soit sa nature. Si les grecs avaient cette conception du *phusis*, c'est qu'ils ont bâti leur philosophie sur le modèle de la nature. Pour Heidegger, le retour à l'origine permet de percevoir le mot sous l'angle de la représentation ou bien de l'interprétation moderne.

> « L'ordre de la relation doit être lu, selon Heidegger de la façon suivante: *phusis* nomme la saisie, par les Grecs, du déploiement initial par lequel tout étant vient au paraître. Et que cette expérience de l'étant comme tel et dans son ensemble [...], informe leur regard sur ce sens qui les entoure, et leur permet de percevoir et de penser la « nature » au sens restreint.[64] »

Pour Heidegger, la *phusis* par laquelle tout peut apparaître, constitue l'être de l'étant. C'est pourquoi, en s'épanouissant vers le dehors, elle reste en même temps en soi-même.[65] Quel processus peut-on rencontrer dans la *phusis* pour qu'elle nous permettre de connaitre l'épreuve originelle de l'être? A cette question, la réflexion de Heidegger est très simple.

---

[63] *Ibid.*

[64] *Ibid.*, p.37.

[65] *Ibid.*, p.38.

> « L'étant se trouve partout autour de nous, il se tient dans l'ouvert et se maintient dans la présence. Ce qui le conduit à éclore à la présence, à faire irruption dans l'ouvert et à s'y installer, c'est la *phusis* conçue comme *Aufgehen*, c'est-à-dire comme acte d'émergence de l'étant comme étant.[66] »

A ce stade de l'explication, la démarche de Heidegger constitue en elle–même, une énigme, et c'est à partir de là que l'aporie heideggérienne doit être perçue.

> « Il n'y a au sens strict, qu'une énigme, celle de *phusis*, celle de l'être ; mais ce qui en cette énigme est le plus énigmatique, c'est que cet être se dispense de deux façons distinctes, qui pourtant n'octroient que « le même » [...] : tantôt l'être est nommé en considération de son essence simple, c'est-à-dire en tant qu'il est différent de l'étant (alors que l'étant est pur dévoilement, l'être est défini comme lien du voilement et du dévoilement, donc selon la détermination), tantôt il est nommé en considération de son essence double, c'est-à-dire en tant qu'il inclut en lui la différence à l'étant.[67] »

En résumé, le problème de l'être que Heidegger pose nous ramène à l'homme. L'homme est un étant qui comprend l'être. Mais, d'autre part, cette compréhension de

---

[66] *Ibid.*, p.45.
[67] *Ibid.*, p.47.

l'être est elle-même l'être ; elle n'est pas un attribut mais le mode d'existence de l'homme. Cette façon de penser n'est pas une extension purement conventionnelle du mot être s'étendant à la compréhension humaine, mais la mise en évidence de la spécificité de l'homme.

La lecture de Heidegger comme décrite au début n'est pas toujours facile à saisir et à comprendre au premier degré. La preuve est que même dans cette approche de la définition du *phusis*, chaque élément de réponse suscite encore d'autres questions, et le problème de la nature de l'être, reste toujours posé. Comment l'essence de l'être peut-elle être définie pour elle-même ? Et comment la relation établit entre l'être ainsi défini et l'étant constitue-t-elle encore l'essence de l'être ? Pour tenter de trouver d'autres arguments de réponses, Edith Stein nous propose une autre solution.

Pour Edith Stein, il n'est pas simple de circonscrire la notion de l'être chez Heidegger et de trouver une solution au problème posé. Pour cela, il faut interroger l'étant, et pas n'importe lequel, mais l'étant à l'être. Et il faut s'interroger sur le sens de l'être tout en ayant une certaine connaissance préalable de l'être. Cet étant que nous sommes nous-mêmes est appelé *Dasein* selon le sens suivant :

> « La détermination de l'essence de cet étant ne s'effectue pas en indiquant un quid (*Was*) substantiel [...]. Or, comme sa compréhension de l'être ne s'étend pas seulement à son propre être

(appelé existence), mais également à l'étant non « existant », « l'ontologie » fondamentale, d'où procèdent toutes les autres, doit être mise en œuvre dans l'analytique existentielle du Dasein.[68] »

I.6 Edith Stein et la notion du *Dasein*

Comment Edith Stein conçoit-elle le *Dasein* par rapport à Heidegger ? Cette partie est l'analyse de l'approche du *Dasein* chez Edith Stein, suivie de l'émergence de la philosophie chrétienne.

I.6.1 L'analyse du *Dasein*

L'analytique du *Dasein* est élaborée par Heidegger, comme relecture de la notion de l'intentionnalité chez Husserl. Si chez Husserl, cette notion peut être traitée sous l'angle anthropologique, chez Heidegger, elle permet de reposer la question de cet être-là au sein de la question de l'être en général. Aussi, elle soulève la question, comme perçue chez Stein, de l'ontologie fondamentale. Cette ontologie fondamentale est établie à travers le *Dasein*. De ce fait, l'analytique du *Dasein* prônée par Stein est du fait de son thème, une critique radicale de la position du sujet conscient.

Le *Dasein* n'est pas fondamentalement transparent à lui-même. Il est aveugle par rapport à son propre être, à ce qui lui est le plus familier, le plus proche avec des possibilités

---

[68] Stein, (Edith), pp.64-65.

lui permettant de s'ouvrir au monde comme elle le souligne ci-après :

> « L'analyse préalable donne comme appartenant à l'être du *Dasein*, qu'il est propre-à- chaque-moi (*je meines*) (c'est-à-dire absolument unique, et non pas général). Ce qui appartient à la structure de cet être est appelé (un exitential). Les existentiaux correspondent aux catégories de ce-qui-se-trouve-là (*des Vorhandenen*).[69] »

Ainsi l'analytique du *Dasein* met en évidence que ce qui est le plus propre du *Dasein* est au loin considéré en fait comme étrangeté. Et c'est parce que l'essence de l'être consiste dans l'existence que Heidegger désigne par le terme de *Dasein* (être-là) et non pas par le terme de *Daseineles* (l'étant-là). La forme verbale exprime ce fait que chaque élément de l'essence de l'être est un mode d'exister, de se trouver là.

Cette étude de l'existence de l'homme qu'Heidegger appelle : « Analytique du *Dasein* », a déjà été amorcée et poursuivie, dans de multiples études philosophiques, psychologiques, littéraires et religieuses consacrées à l'existence humaine.[70] Heidegger appelle existentielle, l'analyse de l'existence humaine qui ignore la perspective de

---

[69] *Ibid.*, p.66.

[70] Nous pouvons rencontrer cela dans les œuvres de Jacques Lacan, d'Emmanuel Levinas, d'Emmanuel Hegel et beaucoup d'autres encore.

l'ontologie. La replacer dans cette perspective, l'accomplir d'une façon explicite, est l'œuvre d'une analytique existentiale que Heidegger a entrepris dans *Sein und Zeit.*

Quelle est la définition de l'analytique existentiale ? Nous avons souligné au préalable que l'existence qui consiste à comprendre l'être et toute la richesse de l'existence humaine, se trouve dans la structure du dévoilement de l'être. Aussi, l'analyse existentiale de Heidegger consiste à y retrouver l'homme tout entier, et de montrer que cette compréhension de l'être, c'est le temps lui-même. En effet, l'être qui se révèle au *Dasein* ne lui apparaît pas sous la forme de notion théorique qu'il contemple, mais dans une tension intérieure, dans le souci que le *Dasein* fait de son existence même. Et, inversement, cette manière d'exister où il y va de l'existence, s'ouvre à la compréhension de l'existence.

Partant de cette situation, nous pouvons commencer à saisir comment l'étude de la compréhension de l'être est une ontologie du *Dasein*, une étude de l'existence du *Dasein* dans toute sa plénitude concrète, et non pas seulement la réflexion sur un acte isolé de cette existence par lequel une existence s'écoulant dans le temps, serait à même de quitter ce plan existentiel pour comprendre l'être. La transcendance de la compréhension est un événement de l'existence. Il faut saisir le *Dasein* comme l'être au monde et pour Stein, le *Dasein* s'imprègne dans l'actualité.

> « On considère d'abord dans sa quotidienneté, à quoi appartient essentiellement l'être-au-monde, où

> l'on distingue différents aspects: dans le monde (au monde), qui est au monde, et être dans (être-au-monde) […]. Monde ne signifie pas le tout des objets qui se trouvent-là, ni non plus un certain domaine de l'étant (comme par exemple la nature); le monde est précisément ce où vit un *Dasein*, et qu'on ne peut comprendre qu'à partir du *Dasein*.[71] »

Comment comprendre l'être à partir du *Dasein* ? C'est simplement exister de manière à se soucier de sa propre existence. Comprendre, c'est prendre souci. La compréhension de l'être sous la forme d'exister de manière à se soucier de sa propre existence, apparaît chez Heidegger comme la caractéristique fondamentale de la finitude du *Dasein*. C'est donc sur la finitude de l'existence du *Dasein* que sa transcendance vers le monde se trouve fondée.

I.6.2 L'être du *Dasein*

L'analyse du Monde devient donc la pièce centrale de l'analytique du *Dasein*, car elle peut permettre de rattacher la subjectivité à la finitude, la théorie de la connaissance à l'ontologie, la vérité à l'être. Et pour Stein, les analyses des philosophes sur la notion du *Dasein* ont démontré ce qui suit :

> «L'existentialité et la facticité sont considérés comme les constituants ontologiques du *Dasein*. Existentialité signifie le propre du *Dasein*, à savoir

[71] *Op. cit.*, p.66.

> que son être implique une relation à soi, et facticité désigne l'être-jeté comme le « mode d'être d'un étant qui est à chaque fois sa propre possibilité, et de telle manière qu'il se comprenne (se projette sur elle) en elle et par elle.[72] »

Cette approche de Stein souligne que l'existence du *Dasein* consiste à exister en vue de soi-même. Cela veut aussi dire que le *Dasein* comprend son existence. Et que « *Etre-dans-le-monde* » est un mode d'existence dynamique. Nous pouvons constater que l'analyse de Stein sur le *Dasein* a un but.

> « Le *Dasein* implique visiblement quelque chose qu'il n'est pas encore. Pour pouvoir être saisi comme tout, il faudrait aussi que soit saisie sa fin, la mort, ce qui n'est possible que dans l'être pour la mort. En outre, pour désigner le propre du *Dasein*, il faudrait montrer comment il s'atteste soi-même, et cela se passe dans la conscience.[73] »

Le *Dasein* fait corps avec l'*être-au-monde* et capable d'un véritable *être-avec*, c'est-à-dire avec la possibilité de se soucier d'autrui. Mais que signifie cette notion de temporalité du *Dasein* ? Pour Stein, la temporalité du *Dasein* n'est pas du temps coordonné à l'espace, de même le *Dasein* n'est pas en un lieu dans l'espace, mais il prend de la place. « Le *Dasein*, parce qu'il est spirituel, et pour cette seule raison, peut être

---

[72] *Ibid.*, p.70.
[73] *Ibid.*, p.73.

spatial sur un mode qui demeure essentiellement possible pour un corps.[74] » Cette temporalité du *Dasein* dans la recherche de la compréhension de l'être, s'ouvre sur une durée qui ne peut se limiter dans ce qu'Heidegger appelle les *ektases* co-réelles qui sont constituées par trois situations déterminées par: l'être du *Dasein* comme souci, l'être pour la mort et la naissance.[75]

Dans cette temporalité, le *Dasein* est au-delà de la naissance et de la mort. Ces deux notions constituent ce qui est appelé par Heidegger, événement et selon la pensée de Stein :

> « L'événement, qui procède de la temporalité du *Dasein*, est une condition préalable de l'histoire (c'est-à-dire de la science des faits historiques). Historialité et être-au-monde procèdent l'un et l'autre de la temporalité originaire; c'est pourquoi secondairement l'histoire, elle aussi, est dans le temps.[76] »

L'événement qui se dégage de la temporalité du *Dasein* et qui est une condition préalable de l'histoire, siège aux commandes du destin de l'homme, et que dans l'histoire, il y a le passé qui explique les faits du présent et qui sont projetés dans l'avenir. Le temps dans ce contexte est toujours du temps pour quelque chose, et il nous situe dans

---

[74] *Ibid.*, p.80.

[75] *Ibid.*

[76] *Ibid.*, pp.80-81.

la réalité des faits sur le plan existential. Et pour Stein, en ce qui concerne la mesure du temps, elle précise qu'il s'y opère une officialisation du temps conformément à quoi il est pour chacun, à tout moment, un *nunc et nunc*. Il est daté selon des critères spatiaux, mais n'en devient pas pour autant de l'espace. Ce n'est que par la mesure du temps que nous arrivons à telle heure, que chaque chose arrive à son heure. Il n'est ni objectif ni subjectif, car il rend possible (le) monde et (l') être du Soi-même. N'est temporel que le *Dasein*; en revanche, les objets et les choses sont à l'intérieur du temps.[77]

La conception du *Dasein* de Heidegger, analysée par Edith Stein, a fait apparaître toutes les questions qui se posent sur le sens de l'être. Mais cependant, Edith Stein dans son approche, révèle de même que sous le terme du *Dasein* de Heidegger, il y a l'être de l'homme, c'est-à-dire l'homme tout court. Le problème est que si le *Dasein* est compris comme un étant, cependant, celui-ci n'est pas opposé à l'être. Et lorsque Heidegger soulève le problème de l'existence comme étant l'essence de l'homme, pour Edith Stein, « cela signifie que l'on revendique pour l'homme quelque chose que la *philosophia perennis* ne reconnaît qu'à Dieu: l'unité de l'essence et de l'être.[78] »

Pour situer comment cette analyse de l'existence de l'être chez Heidegger a été essentielle pour Edith Stein dans sa recherche de la foi, c'est parce qu'elle a compris que le

---

[77] *Ibid.*, pp.83-84.
[78] *Ibid.*, p.86.

Dasein de Heidegger n'est qu' « une course du néant au néant.[79] » Et que ce néant exprime l'absence de la présence que requiert l'être selon Stein.

> « Cet être n'est pas seulement étendu dans le temps et ainsi toujours en avance sur soi; l'homme demande à toujours de nouveau recevoir l'être afin de pouvoir épuiser ce que l'instant à la fois lui donne et lui enlève [...]. Joie sans fin, bonheur sans ombre, amour sans borne, vie infiniment intense, sans relâchement, acte au sommet de la force qui soit en même temps paix profonde et parfaite détente, telle est la béatitude éternelle. Voilà l'être qui dans le *dasein* est en jeu. L'homme a recours à la foi qui le lui promet, car cette promesse correspond à sa nature la plus profonde, et que c'est-elle qui lui donne le sens de son être.[80] »

Nous voyons dans cette logique de Stein, la corrélation qu'elle établit entre le *Dasein* de Heidegger et la notion de la foi chrétienne. Cette transition va nous permettre de revenir alors sur la notion de la foi chez Jean de la Croix, perçue par Edith Stein.

---

[79] *Ibid.*, pp.104-105.
[80] *Ibid.*, p.105.

CHAPITRE DEUXIÈME

LA *SCIENCE DE LA CROIX*

Pour mieux comprendre la profondeur de la doctrine de Jean de la Croix, il est nécessaire d'être au courant du caractère fondamental de ses œuvres et de leur destinée. Elevé au rang de docteur, c'est le maître à penser de l'Eglise catholique en matière des problèmes d'ordre mystique. Jean de la Croix à cette période est le maître à penser dans le domaine du mysticisme.

> « Jean de la Croix n'a pas donné une description systématique de la mystique. Son dessein en écrivant n'était pas théorique, encore qu'il fut assez théoricien pour se laisser emporter plus d'une fois par ses conclusions purement logiques au-delà de son but initial.[81] »

Malheureusement, beaucoup de ses œuvres ne sont pas gardées, suite aux difficultés qui ont jalonné toute sa vie. Comme le fait remarquer Edith Stein.

> « Tout ce qu'il avait composé avant sa captivité fut détruit par lui-même ou par d'autres. La deuxième

[81] Stein, (Edith), *La Science de la Croix*, p.35.

persécution qu'il a subie à l'intérieur de la Réforme a encore beaucoup retranché à ce trésor, par exemple, de précieuses notes prises par les Carmélites lors de leurs instructions. Il en va de même pour ses lettres dont une minime partie seulement nous a été conservée.[82] »

Tout cela traduit l'expérience mystique du penseur dans un langage poétique, alternant les concepts philosophiques et théologiques. Nous ne pouvons saisir la teneur de la doctrine de la croix chez Jean sans pour autant, nous imprégner préalablement du sens et des symboles qui traduisent le phénomène de la croix dans l'histoire de l'Eglise, et dans l'histoire de la société.

II. Réflexion sur le symbole de la croix

Il est nécessaire de souligner que dans l'histoire de l'Eglise, sur le plan religieux que séculier, il y a eu recrudescence d'un intérêt porté au symbole de la croix. Ce constat détermine que le langage de la croix s'inscrit désormais dans une dialectique très intéressante. Le mystère de la croix est un langage symbolique qui invite non seulement à la logique rationnelle, mais aussi à la logique symbolique. Pour ce faire, nous allons tenter de mettre en évidence, l'émergence de l'idée du symbole de la croix.

---

[82] *Ibid.*, pp.35-36.

II.1 Édith Stein et l'idée de la pensée symbolique de la croix

Du grec *symbolum*, le symbole consistait à l'origine en une céramique cassée en deux morceaux que deux personnes emportaient avant de se quitter et d'aller chacune vers son destin. Chaque morceau représentait un accord, un pacte ou une amitié ou tout autre signe passé entre les deux individus. Selon Julien Ries, la première voie de décryptage du symbole de la croix prend son départ dans la conception spatiale et temporelle du cosmos: quatre points cardinaux, quatre directions, rose des vents, *axis mundi*, relation temps-éternité.[83]

Une deuxième voie herméneutique est la symbolique des nombres. Cette voie est proche de la précédente. Puisque le nombre quatre constitue le chiffre de la croix. Une troisième voie d'approche se fonde sur les signes cruciformes qui frappent le regard de l'homme.[84]

> « Vision du corps humain les bras étendus horizontalement, activités du labourage et surtout de la navigation antique, contemplation de l'arbre planté dans le sol ou utilisé comme poteau central dans la construction des édifices, des maisons. Une quatrième voie [...] se fonde sur une théophanie

---

[83] Ries, (J.), *Le symbole et le symbolisme dans la vie de l'Homo Religiosus*, Louvain, la Neuve, 1981. pp.295-296. Cf. également (J.) de Chevallier, *Dictionnaire des symboles*, Robert Laffont, Paris, 1969.

[84] *Ibid.*

spécifique à laquelle sont liés un événement historique et une doctrine du salut: la crucifixion de Jésus de Nazareth et la doctrine chrétienne de la rédemption.[85] »

Dans l'émergence de la croix, il y a la notion du temps et de l'espace. Le témoignage de l'homme des premiers temps semble capital pour la connaissance du symbole de la croix vu à partir du nombre quatre. Le nombre quatre renvoie à de nombreux éléments cosmiques. Selon H.B Alexander, le nombre quatre est déterminant dans la pensée des Indiens d'Amérique du Nord. Il y a quatre parties dans le monde terrestre et quatre divisons du temps (jour, nuit, lune, année). Dans la plante, il y a quatre parties : racine, tige, fleur, fruit. Il y a quatre espèces animales à savoir : les reptiles, les volailles, les quadrupèdes et les bipèdes auxquels correspondent les quatre êtres célestes : ciel, soleil, lune et étoiles.[86]

Cette introduction, du moins générale nous permet de comprendre que l'idée de la croix est déjà perçue dans les premiers temps et chez la plupart des êtres vivant au quatre coins du monde. Il faut cependant rappeler la grande répercussion que ce phénomène symbolique n'a pas manqué d'avoir sur la pensée religieuse et sur le comportement de l'homme. C'est dans cette perspective que Jean Hani ne manquera pas de rapporter ces propos de l'impact que la croix peut avoir sur la pensée de l'homme.

---

[85] *Ibid.*

[86] Alexander, (H.B.), *Le cercle du monde*, Gallimard, Paris, 1962.

Elle « exprime l'acte de l'énergie créatrice à partir de centre…c'est l'expression d'une force centrale dont l'influx se porte simultanément dans toutes les directions, le point se développant en extension selon «d'ampleur», sens horizontal, et «d'exaltation», sens vertical, ascensionnel […]. Le centre est le point où l'axe polaire rencontre le plan horizontal, au niveau métaphysique, c'est le point où le «Rayon céleste» divin rencontre la *mateira prima* et à partir duquel il irradie selon toutes les directions, lesquelles engendrent au niveau cosmique, l'espace et les êtres qui le remplissent.[87] »

Cette réflexion porte à croire en fait que c'est l'homme qui peut donner un contenu du rapport qui le lie à la croix.

II.1.1 Edith Stein et la *Science de la croix*

« La Science de la Croix[88] » est l'œuvre religieuse la plus importante d'Edith Stein ; elle y travaillait encore lors de son arrestation. Cette œuvre se situe au terme d'une évolution à la fois philosophique et spirituelle au cours de laquelle Stein, de manière successive, s'était occupé des

---

[87] Hani, (J.) cité par (J.) Ries, *op. cit.*, p.319.

[88] Pour la bibliographie, cf. annexe et (Jean) Baruzi, *Saint Jean de la Croix et le problème de l'expérience mystique*, (réédition de la deuxième édition de 1931), coll. «Pierres angulaires», coll. «Histoire», Paris, 1999; (Crizogono) de Jésus, *Vie de Jean de la Croix*, trad. De l'espagnol par (Sr Marie-Agnès) Haussiettre, Cerf, Paris, 1998 et (Dominique) Poirot, *Jean de la Croix, ami et guide pour la vie*, coll. «Histoire», Cerf, Paris, 1990.

questions sur le plan psychologique, phénoménologique et scolastique dans ses rapports à la pensée contemporaine et de la philosophie chrétienne.

A travers la méditation sur la vie et les écrits de Saint Jean de la Croix, Edith Stein, devenue sœur Thérèse Bénédicte de la Croix, découvre l'unité profonde en laquelle cette vie et cette œuvre se fondent. Cependant, tout en faisant la distinction entre sa propre interprétation et la pensée de saint Jean de la Croix, elle prolonge sa réflexion sur la Croix en une véritable philosophie de la personne. C'est à ce titre que cet enseignement d'Edith Stein peut attirer notre attention dans la mesure, en effet, où à partir des problèmes de la foi et de mystique, elle s'efforce d'éclairer les profondeurs du moi, de la personne et de la liberté.

Cette œuvre place Edith Stein parmi les éminents penseurs religieux qui, cherchant à donner tout son sens à la destinée humaine, ont répondu à l'inquiétude fondamentale de l'existence de notre temps. Pourquoi Edith Stein a-t-elle explicitement voulu traduire cette œuvre ? Etienne de sainte Marie, traducteur français de ce livre, témoigne de ce souci.

> « Qu'Edith Stein ait pu écrire un tel livre, alors que son peuple était décimé, que son propre avenir était plus que jamais incertain, c'est une preuve que le salut reste toujours possible et que, dans les circonstances les plus tragiques, Dieu nous ménage

> toujours une issue [...]. A l'heure où pour elle, tous les biens les plus chers pour lesquels elle avait lutté et vécu étaient ruinés ou menacés, son œuvre témoigne que l'élimination de tous les espoirs humains avait décapité en elle, toute pure et sans connivence, la seule valeur qui demeure alors que tout nous abonne, l'Espérance.[89] »

Edith Stein, elle-même, justifie ce choix en faisant comprendre que l'humanité porte dans son corps les stigmates du Christ.

> « Il lui reste cette douleur que constitue le désir de la vie plénière, jusqu'à ce qu'il puisse entrer, par cette porte qu'est la mort du corps, dans la pleine lumière. Ainsi l'union nuptiale avec Dieu, pour laquelle l'âme a été créée, est achetée par la croix, consommée sur la croix et scellée pour l'éternité.[90] »

Déjà, dans cette approche, comme on peut le constater, Edith Stein fait appel à la pensée philosophique de Platon en ce qui concerne le problème du corps et de l'âme. Pour Edith Stein, la croix du Christ illustre bien plus qu'un signe particulier, elle est pour elle, un véritable symbole d'espérance. Dans l'Introduction des éditeurs, P. Romaeus[91] qui est l'un des éditeurs, nous souligne qu'en

---

[89] Note du traducteur. (Edith) Stein, *La Science de la Croix*, trad. Par (Etienne) de Sainte Marie, Nauwelaerts, Paris, 1957, p.VI.

[90] *Ibid.*, p.305.

[91] Romaeus, (P.), «Introduction», in *L'Etre fini et l'Etre éternel*, traduit par G. Casella et F.A Viallet, Nauwerlaerts, Beauchevin, 1998, pp. V-VI.

cherchant à traduire Jean de la Croix, Edith Stein se charge à son tour de la croix de Jean parce qu'elle trouve en elle, la véritable foi profonde et le destin de sa vie propre.

> «Par l'étude de l'œuvre du Docteur de l'Eglise, elle parvient à concevoir la Science de la Croix selon sa double signification de théologie de la Croix et d'école de la Croix, c'est-à-dire comme vie sous le signe de la Croix. L'œuvre entière concoure au développement de cette idée; elle apparaît dès lors comme interprétation pénétrante de la doctrine de la Croix, comme confession personnelle et comme une présentation moderne du Père des Carmes [...] Confession personnelle également, puisque ici ne s'exprime pas la tradition de l'Ordre, mais bien une enfant du Carmel qui, se plaçant au point de vue qui lui est propre, cherche à expliquer la vie et la doctrine de son père spirituel.[92] »

Quelle est donc l'impact de cette présentation de Jean de la Croix sur Edith Stein ? Déjà, nous avons présenté cette œuvre comme la dernière qu'Edith Stein eu l'occasion d'écrire lorsqu'elle fut arrêtée. L'enseignement de Jean de la Croix a influencé Edith Stein dans sa vie de Carmélite, il fut comme une semence qui a besoin de germer et le fait de le traduire, est comme une grande grâce que Dieu lui accorde, elle le témoigne en disant sa gratitude de pouvoir produire encore une fois quelque chose, avant que l'ombre de la

[92] Note de l'éditeur. *Ibid.*, pp. VII-VIII.

mort ne puisse l'atteindre. Quant au but, L. Gerber en donne l'explication.

> « Il est double. Immédiat, d'abord, puisqu'Edith Stein reçoit de ses supérieurs la mission de préparer, à l'occasion du IVe Centenaire de saint Jean de la Croix, la partie littéraire du Jubilé [...] D'autre part, pour que sa présentation demeure en tous points fidèle à la vérité, elle ne cesse de distinguer soigneusement ce qui vient de son propre fonds et ce qui appartient à la pensée authentique du saint [...] C'est pourquoi, au lieu de donner un commentaire de textes du saint, elle prolonge son enseignement de la Croix en philosophie de la personne. Dans son esquisse des lois fondamentales de l'être spirituel, son attention se porte spécialement sur les questions qui ont trait à l'essence et au destin de la personne humaine : le moi, la personne et la liberté d'une part ; de l'autre, l'esprit, la foi et la contemplation.[93] »

La vie d'Edith Stein se passe sous le signe de la Croix et malgré les circonstances dans lesquelles l'œuvre a vu le jour, circonstance de climat idéologique et circonstance de la dictature du national-socialiste qui ont influencé l'attitude psychologique d'Edith Stein, le choix du thème et la rédaction de l'œuvre dénotent un attachement profond à

---

[93] Gelber, (L.), «Introduction des éditeurs», in *La Science de la Croix*, *ibid.*, p. XIV-XV.

l'esprit carmélitain et au dépassement de la souffrance humaine.

> « Au gré du progrès de son évolution spirituelle, Edith Stein surmonte ainsi l'attachement qu'elle porte à sa vie propre en transfère le centre de gravité au-delà du pouvoir et de l'activité terrestre. C'est pourquoi les derniers chapitres de son ouvrage dégagent la sérénité d'une âme certaine de l'Eternité et sur laquelle le monde n'a plus de prise.[94] »

C'est de cette manière que nous avons besoin de comprendre la *Science de la Croix* qu'Edith Stein, disciple de Husserl, a laissé comme dernier témoignage de sa vie terrestre. Pour montrer ce que la croix représente pour Jean de la Croix, une étude succincte du concept de la croix dans l'histoire de la théologie semble importante.

II.1.2 Le concept de la croix dans l'histoire

La croix est l'un des plus anciens et universels symbole qui est connu des hommes et ce, à cause du sens et de la vision particulière qu'on lui attribue. Désignée sous le vocable « *Crux* » en latin et « *Stauros* » en grec, elle signifie d'abord « pieu », c'est-à-dire élément de palissade. Il était question d'un pal qui est une longue pièce de bois ou de métal aiguisée par un bout.[95] La croix a vécu un usage

---

[94] *Ibid.*, p. XV-XVI.

[95] Freedman, (D.J.), *The Anchor Bible Dictionary*, vol.13, Doubleday, New York, 1992, p.318.

culturel qui ne date pas de l'ère chrétienne. Elle fut présente dans toutes les grandes cultures et était utilisée comme un instrument de supplice.

En Afrique, précisément, dans la tradition des Bantous du Kasaï, la croix résume le cosmos total et son organisation. Son axe vertical unit la terre au ciel, demeure du Dieu Suprême, lequel siège au centre, une croix. Pour les Bantous, l'axe horizontal de la croix universelle relie le monde des bons esprits (Est) à celui des mauvais (Ouest). Le centre de la croix est le carrefour de la voie lactée où les âmes des morts sont jugées et dirigées vers la droite ou la gauche.[96]

Pour l'usage cultuel de l'utilisation du signe de la croix, il n'est pourrait être mis en évidence qu'à travers les anciennes civilisations. C'est ainsi qu'en Egypte, sur les murs des temples, dans les inscriptions hiéroglyphes, sur les stèles, dans la main du dieu, du roi, du prêtre, on rencontre le signe appelé « *Ankh* » en égyptien, « *Onech* » en copte.[97]

Le problème de la croix est relié directement au problème de la mort et de la résurrection de Jésus. Lorsqu'on parle de la mort du Christ, on parle également de la mort du Ressuscité, celui qu'on ne peut évoquer la

---

[96] Ries, (J.), *ibid.*, p.317.

[97] Ibid.., p.296.

présence que dans la perspective de la Croix. Pour ce faire, Klauspeter Blaser offre deux méthodes d'approche.[98]

La première méthode est du type kérygmatique. Elle consiste à faire prévaloir la portée évidente du salut accordée par la croix et que « cette approche insiste sur le fait que nous ne connaissons que le Jésus de la foi (le Ressuscité). Le salut et la résurrection sont pourtant obtenus par le crucifié ; ce dernier est crucifié pour nous, et nous le sommes avec lui. Il est exclu de remonter au-delà du kérygme.[99] » Cette approche ne prend pas en compte toute l'histoire de Jésus. Pour elle, la seule chose qui compte est déterminée dans le kérygme.

La seconde approche est dite historique. Dans ce cas, selon Blaser, « la croix dans ce cadre, représente de manière exemplaire le caractère salvifique de la vie et du message de Jésus. Elle est l'expression d'un amour suprême.[100] » Cette méthode voudrait à ce qu'on tienne compte des deux points importants à savoir : le caractère salvifique et le message de Jésus. En un mot, lorsqu'on veut parler de la croix, il faut faire intervenir la tension qui existe entre la personne et l'œuvre de Christ.

Cependant, Blaser soulève un autre problème d'interprétation en ce qui concerne la théologie protestante

---

98 Blaser, (Klauspeter), *Dossier dogmatique*, Faculté de Théologie, Lausanne,1997, p.247.
99 Blaser, (Klauspeter), *Dossier dogmatique*, Faculté de Théologie, Lausanne,1997, p.247.
100 *Ibid.*

orthodoxe. Pour lui, il existe deux approches en rapport avec la croix. Il faisait la distinction « déjà entre obéissance active, à savoir la vie, et obéissance passive, c'est-à-dire la mort.[101] »

Cependant, dans l'expression quotidienne de la vie, ces deux formules sont attribuées à Christ. Comment cette première lecture de la croix a été comprise ? Qui est ce Dieu qui se laisse battre et mourir sur la croix ? C'est la question que le monde se pose et surtout, le monde païen de la première communauté. Comment perçoit-il cette croix ? Les points qui suivent nous permettre de situer la lecture de la croix dans le contexte juif, le contexte du monde antique et le contexte moderne.

II.1.2.1 Le concept de la croix dans le monde juif

Le terme « croix » n'apparaît pas en tant que tel dans l'Ancien Testament. A cette époque de l'Ancien Testament, la crucifixion est une espèce de supplice qui ne se pratiquait pas en Israël. En lisant la Thora, nous constatons que la loi mosaïque ordonnait l'application de la lapidation en guise de peine capitale.

> La « pendaison était imposée comme une disgrâce supplémentaire après la mort. Selon la tradition juive, ce décret ne fut jamais vraiment appliqué. Mais il resta dans la Thora comme l'avertissement le plus important en cas de désobéissance aux

[101] *Ibid.*

parents indiquant l'issue possible d'une vie de crimes.[102] »

Le fait que la pendaison figure dans la loi mosaïque nous fait comprendre que l'idée de la crucifixion est quand même fort longtemps conçue dans le monde juif. Mais ce genre de supplice représente une certaine fatalité comme le souligne le livre de Deutéronome 21.23 « Maudit soit celui qui est suspendu au bois ». Commentant ce passage, Jürgen Moltmann souligne l'idée suivante : « Pour la pensée israélite, un pendu était repoussé par son peuple et maudit dans le peuple par le Dieu de la foi, exclu de l'alliance.[103] »

Par conséquent, le bois ou le gibet dont il s'agit ici sera dans le contexte du Nouveau Testament, identifié par les juifs à la croix. Dans ce cas, la croix symbolise alors la malédiction. Pour le monde juif alors, il y a donc incompatibilité de Jésus avec la croix. Et ce, pour deux raisons fondamentales.

La première est d'ordre pragmatique. Pour les juifs, Jésus est compris comme le Messie, celui qui est venu libérer son peuple de l'oppression romaine mais il a déçu le peuple juif qui attendait un Messie guerrier qui allait le libérer politiquement. Les juifs ne trouvaient en lui aucun des indices relatifs au Messie qu'ils attendaient. Ils exigeaient de lui une démonstration spectaculaire de sa

---

102 *Ibid.*, p.232.

103 Moltmann, (J.), *Dieu crucifié, la croix du Christ, fondement et critique de la théologie chrétienne*, P.49.

messianité et cela, en vue de leur garantir une victoire éclatante sur leurs ennemis. Mais le Christ ne l'avait pas fait jusqu'à mourir sur la croix.

La seconde raison est du domaine de l'interprétation. Il existe un problème herméneutique dans l'utilisation des textes de l'Ancien Testament. Tous ces textes ont été mal compris et interprétés. Et pour cela, les juifs n'étaient pas convaincus de tout ce que Jésus accomplissait dans son ministère, les différentes guérisons, la résurrection, etc... Ils n'avaient pas cette foi authentique que Jean de la Croix possédait, celle qui reconnaît le Messie en Jésus-Christ pendu au bois.

II.1.2.2 Le concept de la croix dans le monde antique

Dans le contexte romain, le supplice de la croix est réservé entièrement aux esclaves, aux voleurs et aux criminels et avec le temps, il fut élargi aux voleurs scandaleux qui pénétraient par effraction dans les temples pour y dérober les objets sacrés. Cette méthode est de même utilisée pour les transfuges qui passaient à l'ennemi.[104] La crucifixion est donc pour ainsi dire une des peines capitales les plus déshonorantes. C'est pourquoi l'humanisme romain a toujours ressenti la religion de la croix comme non esthétique, choquante et perverse.[105] Et

---

[104] *Ibid.*

[105] Moltmann, (J.), *Dieu crucifié, la croix du Christ, fondement et critique de la théologie chrétienne*, Cerf-Mame, Paris, 1974. p.43.

selon l'explication de Cicéron, ce qu'on appelle la croix « doit non seulement rester étranger au corps romain du citoyen romain, mais aussi à sa pensée, à ses yeux et à ses oreilles.[106] » Dans cette vision, un message d'un Christ cloué à la croix et qui octroie le salut à l'humanité ne peut être qu'un grand échec.

Le monde antique par rapport à la crucifixion du Christ, non seulement se trouve devant un problème d'ordre esthétique (la laideur de la croix), mais aussi d'ordre ontologique : Comment se fait-il que Dieu soit devenu homme et passible de mort ? Selon l'approche philosophique, la matière est foncièrement souillée et le corps est un genre de prison dans laquelle l'esprit est ligoté. Pour être affranchi, l'esprit doit se désincarner et cela dans le but de revenir sur sa propre nature dont il jouissait auparavant. Ce faisant, l'homme doit méditer sur Dieu tant rationnellement que spirituellement, et s'atteler à la mortification du corps en vue de favoriser sa communion avec Dieu.[107]

Sur le plan ontologique, ce point de vue s'oppose au principe de l'incarnation, étape indéniable dans la dynamique de la rédemption. Le gnosticisme n'accepte pas que Jésus ait eu un corps physique et ait subi la mort. C'est seulement l'homme Jésus qui avait souffert et non le

---

[106] Ciceron, cité par Moltmann,(J.), *ibid.*

[107] Neve, (J.L.), *A History of Christian faith*, trad. Par F.S Hallanger, Antananarivo, T.P.L.N, 1964, p.12.

Christ.[108] Cependant, la philosophie grecque reconnaît quelques caractéristiques ontologiques ayant rapport à Jésus comme par exemple : l'éternité, l'immortalité, l'impassibilité. Or, si en Dieu, il y a souffrance, il faut qu'elle soit en rapport avec le phénomène du péché.

> « La souffrance de Gethsémané n'est pas celle de l'homme seulement (…) Elle révèle la peine profonde de Dieu devant le désordre de sa créature et le malheur qui est tombé sur nous depuis que nous l'avons quitté. Où sont les parents qui ne souffrent pas de voir leurs enfants quitter la maison dans leur révolte, partir au loin et perdre leur vie dans la dissipation ?[109] »

Il nous est presque difficile d'affirmer la mort de Dieu comme Nietzsche et les autres tenants de cette idéologie le pensent, mais, nous ne pouvons pas non plus ne pas annoncer que Jésus-Christ, Fils de Dieu et Dieu, réellement est mort. Dieu transcende l'univers. Ce qui n'est pas perceptible par la raison et l'intelligence n'est rien d'autre que folie pure et simple (1 Corinthiens 1.18). Et cela constitue la position du rationalisme qui n'est rien d'autre, comme certains théologiens le pensent « la confiance en sa propre capacité à connaître Dieu indépendamment de la révélation divine.[110] » Cependant, les philosophes qui ont

---

[108] *Ibid.*, p.49.

[109] Sernaclens, (J.) de, *La personne et l'œuvre de Jésus-Christ*, Labor et Fides, Genève,1958, p.39.

[110] Guthrie, (D.), (J.A) Motyer et *al*, *Nouveau commentaire biblique*, Emmaüs, 1984, p. 1062. Ici, nous sommes dans une logique radicale

fait l'objet direct de l'ironie paulienne dans 1 Corinthiens 1. 23 soutiennent le fait que les hommes sont capables de parvenir à la connaissance et à la compréhension des choses divines par la seule force de la raison et de la sagesse humaines.

II.1.2.3 Le concept de la croix dans la théologie moderne

La théologie met en relief l'usage de la croix dans l'Eglise chez les premiers chrétiens. Bien que la Bible ne décrive pas précisément l'instrument sur lequel le Christ est mort, la tradition veut qu'il ait été mis à mort sur une croix, c'est-à-dire un poteau muni d'une traverse. Quel témoignage la Bible nous donne-t-elle à propos de la croix ? Dans la Bible, on ne peut que remarquer la série d'événements rapportée en Matthieu 27.26, 31-37, Marc 25.24-26, Luc 23.26-38 et Jean 19.1-22, et l'harmonie de ces récits avec la méthode de crucifixion. Il apparaît que le Christ a porté le bois jusqu'à Golgotha. Et là, le Christ fut fixé à un poteau droit. Au-dessus de lui fut fixée une inscription : Jésus le Nazaréen, le roi des Juifs tout en faisant de la croix de Christ, est un symbole de victoire.

Tandis que les Juifs ont pu considérer la croix comme une chose honteuse, l'apôtre Paul se glorifiait de la croix du Christ. Il dit en Galates 6.14: « Quant à moi, certes non ! Je

---

de la première conception du rapport entre philosophie et théologie. Cette thèse est contraire de celle d'(Edith) Stein et de (Thomas) d'Aquin.

ne me glorifierai de rien d'autre que de la croix de notre Seigneur Jésus-Christ, par qui le monde est crucifié pour moi, comme je le suis pour le monde ! » Pour les chrétiens, cependant, la croix signifiait la puissance et la sagesse de Dieu ! Il dit qu'il en est ainsi parce que Dieu a volontairement choisi les choses faibles, folles et méprisées du monde pour faire ressortir sa volonté, afin que ses enfants se glorifient en ce que les autres méprisent.

Pour les Chrétiens du monde moderne, la croix est plutôt le symbole du plus grand acte d'amour de tous les temps. En tant que signe primordial, la croix devient un symbole universel à caractère tridimensionnel : cosmique, biblique et sotériologique. Plusieurs des Pères de l'Eglise rendent témoignage de la familiarité des chrétiens avec la croix et avec ses représentations. Ce qui par la suite, donnerait lieu au culte rendu à la vraie croix. Ainsi la croix devient un objet de piété, une relique que les fidèles des Eglises continuent d'adorer. C'est-à-dire qu'elle tient lieu d'un déclic dans toute adoration et ainsi donnerait accès au Christ Crucifié, seul intermédiaire éternel, intercesseur des hommes auprès du Père Tout-Puissant.

II.2 L'usage de la croix dans les églises du type Reformé

A ce niveau du débat, nous voulons concrètement parler des Eglises issues des grands réformateurs : Martin Luther, Ulrich Zwingli et Jean Calvin. Quelque fois, l'usage de la croix incontrôlé aboutirait cependant à une idolâtrie frivole.

A ce propos, il ne faut pas ignorer que les pratiques du Nicolaïsme et de la Simonie furent deux des grands fléaux contre lesquels les Réformateurs de l'Eglise eurent à lutter entre le VIIème siècle et le XIIIème siècle. C'est donc tout cela qui a participé au fameux schisme de 1054, au sein de l'Eglise Catholique.
Dès lors, les protestants sont passés pour des destructeurs d'images et ce fut la querelle des iconoclastes selon Michel Guerrier.

> « Vous visitez une vieille église catholique du Midi de la France et vous tombez sur une plaque vengeresse accusant les Huguenots du XVIe siècle d'avoir martelé le tympan et détruit l'effigie de la vierge [...] et oubliant sans doute un peu vite que le catholicisme de la Révocation de l'Edit de Nantes a fait raser plus de deux cents temples protestants et que les énergiques réformes liturgiques du concile de trente comme celle de Vatican II eut des effets iconoclastes tout à fait semblables, avec la complicité cette fois-ci des dirigeants catholiques, mais aussi ne l'oublions pas avec les regrets amers de bien des croyants.[111] »

Ce qui revient à dire que les églises réformées de ce temps ont en horreur le culte de la croix. Honorer la croix, selon la majorité, « c'est une véritable impiété, analogue à celle que commettrait un fils, en vénérant le gibet auquel fut

---

[111] Guerrier, (Michel), «Les Protestants et l'image», in *Positions Luthériennes*, n°1, 1994, p.66.

pendu son père, ou l'épée qui le transperça.[112] » Cependant, il est nécessaire de faire une distinction entre l'attitude tolérante des luthériens et l'attitude sectaire des calvinistes. Les luthériens et les calvinistes sont tous d'accord sur l'idée de la croix comme le signe qui symbolise l'œuvre rédemptrice de Jésus.

De même, le symbole de la croix représente pour les chrétiens protestants, le symbole puissant de la victoire de Jésus sur les forces du mal. Tous acceptent et tolèrent une croix dans l'église ou dans la maison. La question que nous pouvons poser est de savoir comment expliquer le fait que la croix, qui était autrefois absente et dépourvue de toutes considérations au sein des églises protestantes, émerge avec une force extraordinaire et avec une admiration sublime ?

Jean de la Croix et Edith Stein ont donné des points de réponses dans leur approche de la croix. Le symbole de la croix a évolué selon diverses civilisations dans le temps et dans l'espace. De la prédication, le culte de la croix est passé dans l'enseignement authentique de l'Eglise et l'usage des signes de la croix, rentre dans les fonctions liturgiques. Dans l'organisation de la messe, dans l'administration des sacrements, dans les bénédictions, l'Eglise ne cesse de répéter le signe de la croix pour marquer qu'aucune cérémonie ne peut produire son effet qu'en vertu du divin sacrifice accompli sur la croix. Il est désormais des décisions authentiques qui concernent expressément le culte de la croix. La croix devient vénérable et désirable.

---

112 *Ibid.*, pp.66-68.

Si la croix, après la longue querelle des icônes, a été retenue comme signe symbolique du salut, c'est parce qu'elle revêt un caractère spécial et unique en son genre. Et c'est ce caractère spécial et unique en son genre qu'Edith Stein démontre à travers la relecture de l'œuvre de Jean de la Croix, *la Science de la Croix*.

Pour finir avec cette conception de la croix de la théologie moderne, nous aimerions présenter le point de vue de Paul Ricœur qui interprète la croix et la mort de Jésus sous l'angle freudien. Pour Ricœur, la mort de Jésus se situe dans le contexte freudien du meurtre paternel. Mais au niveau éthique, elle est une conversion du fantasme au symbole. La mort représente le sens d'un don, d'une offrande. Cette mort sur la croix fait partie de la paternité même de Dieu, et elle signifie le dessaisissement de soi, le Dieu crucifié source de la vie et de l'amour.[113]

Cette herméneutique psychanalytique de Ricœur du meurtre paternel peut expliquer la notion de trinité dans laquelle, le Fils est égal au Dieu, et il est aussi Dieu. Par conséquent, dans le contexte de la *Science de la Croix*, l'œuvre du Christ est irremplaçable, définitive, elle n'a pas besoin d'être complétée parce qu'elle accomplit ce que nous ne pourrions d'aucune manière accomplir. C'est le « Christ crucifié » qui s'est révélé à Jean de la Croix.

---

[113] Ricœur, (Paul), *Le conflit des interprétations*, Seuil, Paris, 1993, p.480ss.

II.3 Edith Stein et le message de la croix

Devenu Carme et ayant traversé plusieurs épreuves, et à travers elles, la personne de Jean de la Croix s’affirme et se forme. De même, elle s'enrichit de plus en plus en expérience et en sainteté. Nous avons souligné qu’il avait connu l'aventure de la prison et ces neuf mois de cachot, avec tout ce que peut comporter une solitude aussi solitaire, ont renforcé sa conviction de la croix. La prison a marqué un sommet.

En fait, c'est constamment qu'il a vécu la *science de la croix*, celle-là qui chez lui devait se convertir en théologie, en sagesse, en mystique de la croix, comme l'a vu avec perspicacité Edith Stein. Dès le prologue de son ouvrage la *science de la Croix*, Edith nous fait prendre conscience que le message de la croix constitue la clé d’interprétation pour comprendre Saint Jean de la Croix dans l'unité de son être, tel qu'il se manifeste dans sa vie et dans ses écrits, et ceci d'un point de vue qui permet de saisir pleinement cette unité et cette personnalité.

Comment Jean était-il parvenu pour la première fois à saisir la semence du message de la Croix ? En ce qui concerne sa conversion, le Père Bruno avoue qu’il n’y a pas de témoignage qui peut permettre de préciser le moment de cette rencontre.

> « Il est probable que sa mère, très croyante, l’emmena encore tout petit à l’église paroissiale de

> Fontiveros, sa ville natale. On y pouvait voir le Sauveur en Croix, le visage décomposé de douleur, avec, le long de ses joues, de vrais cheveux retombant sur ses épaules meurtries.[114] »

Cette image du visage du Christ a grandement bouleversé Jean de la Croix et pour lui, c'était un message non écrit. L'illustration de la douleur exprimée par la beauté de cette figure quand bien même, elle témoigne de grandes souffrances, présente tout le désarroi de l'âme humaine et selon Stein :

> « Si la jeune veuve qui avait à porter tant de peines et de souffrances entretenait ses enfants de leur Mère, il est certain, qu'elle les as aussi conduits au pied de la Croix où se tenait la Mère des Douleurs. C'est Marie elle-même qui a dû instruire très tôt son privilégié de la science de la croix. Qui pouvait être plus instruite et convaincue de sa valeur qu'elle, la Vierge très Sage ?[115] »

Nous constatons que dès son bas âge, il a reçu à travers la croix un appel irrésistible, et c'est ce qui lui a valu d'entreprendre au collège des Jésuites, en plus de son service des malades, des enseignements préparatoires au sacerdoce, dans le souci de pouvoir mieux vivre ce message de la croix. Ce choix l'a conduit petit à petit à la doctrine de la Réforme.

---

[114] Jesu Maria (Bruno) de, *Saint Jean de la Croix*, Paris, 1929, p.4ss.
[115] Stein, (Edith), *La Science de la Croix*, p.9.

II.3.1 Edith Stein et le message de la Sainte Ecriture

Dans cette œuvre, Edith Stein rend un témoignage à Jean de la Croix parce qu'en tant qu'élève des Jésuites, Jean devrait être déjà initié à la connaissance de la Sainte Ecriture. Si ce n'est pas le cas, nous savons déjà que cette parole du Seigneur avait toujours été prêchée et celui-ci a été touché par elle. De même, à travers l'instruction religieuse et la liturgie, il était toujours resté en contact avec la Sainte Ecriture. La Bible est l'une des sources de ses écrits. C'était son livre de chevet ; c'était son viatique sur les longs chemins qu'il eut à parcourir. Il s'en allait partout avec sa Bible, et se mettait à la lire et à la méditer.

Dans ses écrits, la présence de la Sainte Ecriture est tellement abondante qu'il y recourt, non seulement pour forger ses grandes idées, mais aussi pour y puiser des exemples et des images qui viennent enrichir son exposé. Il faut aussi signaler que jamais Jean de la Croix n'emploie le mot Bible. Mais bien plus que la lettre, et à travers tant de citations bibliques, ce qui triomphe dans ses écrits, c'est l'esprit de la Parole inspirée. Que représente la Sainte Ecriture pour Jean de la Croix ?

Pour lui, la révélation chrétienne se communique par l'Ecriture Sainte, c'est-à-dire la Bible et ses divers textes considérés comme Paroles de Dieu. Toutefois, la Bible ne saurait remplacer Dieu ; comme telle, elle n'est pas identifiable non plus à la révélation. Or, la question de l'Ecriture Sainte est très délicate pour les méditations et également pour la théologie, du fait qu'elle est la source et la voie obligée de la théologie et de la réflexion théologique. De toujours, elle provoque d'intenses discussions sur son statut, son autorité, sa valeur et son interprétation. Edith Stein, elle-même a vécu cette grande expérience.

L'Ecriture Sainte, on le sait, se trouve au centre des innovations doctrinales formulées par la réforme et la scolastique protestante. Comment pouvons-nous comprendre pourquoi l'Ecriture Sainte règne-t-elle sur l'Eglise ? D'abord c'est à cause de son autorité. D'après la théologie des réformateurs, l'Eglise se base sur l'Ecriture, sinon il n'y a pas d'Eglise qui soit conforme à l'Evangile.

Point n'est besoin de revenir sur les différentes causes de la réforme, mais nous pouvons souligner sa doctrine principale qui gravite autour de ces trois principaux axes. *Sola Scriptura* (Seule l'Ecriture Sainte), *Sola fidei* (Seule la foi) et *Sola Deo Gratia* (Seule la grâce de Dieu). Nous reconnaissons que l'autorité de la Bible est d'ordre spirituel, elle ne s'impose ni par la force ni par la raison, ni de façon automatique.

L'Ecriture Sainte engendre la foi, elle est source de l'Eglise, elle est une entité organique et elle est l'unique règle et norme de la connaissance de Dieu. Raison pour laquelle, Jean s'appuie sur les citations de l'Ecriture Sainte pour exprimer sa foi et son engagement comme le souligne Père Bruno.

> « Il faut en effet établir à priori que la Sainte Ecriture tout entière [...], constituait son pain quotidien. Les citations scripturaires sont tellement nombreuses dans ses œuvres qu'il est impossible de les rapporter toutes. De plus, ce serait folie que de se limiter aux seules citations rapportées et d'admettre que les autres textes qui ne se trouvent pas mentionnés chez lui n'eussent point agi sur lui.[116] »

La Bible détient une autorité normative. Cependant, l'autorité même de l'Ecriture découle de l'autorité du Seigneur de ce fait, elle est suffisante pour la connaissance de Dieu et du salut. Pour Edith Stein, si nous prêtons attention à l'usage que Jean faisait de la Parole de Dieu en communauté, pour animer la vie de ses communautés, nous comprendrons mieux l'importance de cette même Parole biblique dans ses écrits. Le Père Jean l'Evangéliste qui était son ami intime raconte que « Jean de la Croix avait à peine besoin d'ouvrir la Sainte Ecriture, la connaissant presque par cœur.[117] » Ce que ces témoins oculaires et plusieurs autres qualifient de don particulier ou art de l'interprétation, c'est ce que nous appellerions aujourd'hui, ou appelons charisme. Jean fut un modèle d'identification dans son amour de la Parole de Dieu, de la Bible. Outre ce que nous avons vu, il suffit de l'évoquer marchant sur les routes en récitant le chapitre 17 de Saint-Jean. C'était alors sa prière préférée pour suivre les traces du Christ.

---

[116] Père Bruno, *Saint Jean de la Croix*, p.269.
[117] *Ibid.*, p.11.

Dans la règle du Carmel, il retrouvait nombre de textes bibliques explicites et beaucoup d'autres implicites qu'il commentait à ses religieux, conformément à ce qui était demandé au Prieur par les Constitutions. Nous avons vu comment le saint expliquait lui-même les textes bibliques à ses Frères pendant la récréation, laissant parfois le temps passer. Rien d'étonnant par conséquent si certains pouvaient dire qu'ils retiraient de leurs récréations avec le Père Jean, plus de fruits que de leurs heures d'oraison personnelle. Saint Jean avait la vocation de foi religieuse ainsi qu'Edith Stein.

> « Devenue une avec le Christ et vivant de sa vie, cela ne se réalise que par son abandon au Crucifié lorsqu'elle L'a suivi tout au long du chemin de la croix. Nulle part cette vérité n'est exprimée plus clairement et de façon plus convaincante que dans le message de saint Paul.[118] »

D'ailleurs, à ces explications de Bible pendant la récréation, s'ajoutaient encore celles du réfectoire et du chapitre conventuel. La justification de cette inspiration se trouve dans les passages suivants de saint Paul : « Le Christ m'a envoyé pour prêcher l'Evangile, mais non par la sagesse du discours, afin que la Croix du Christ ne soit pas rendue vaine. En effet, la doctrine de la croix est une folie pour ceux qui périssent, mais pour nous qui sommes sauvés, elle est une force divine. » (1 Corinthiens 1.17.18.)

---

[118] Stein, (Edith), *La Science de la Croix*, p.16.

L'apôtre Paul continue sa pensée en présentant cette position qui sévissait en cette période de l'Eglise naissante dans ce passage : « Les juifs exigent des miracles et les Grecs cherchent la sagesse; nous cependant, nous prêchons un Christ crucifié, scandale pour les Juifs et folie pour les païens, mais pour ceux qui sont appelés, soit Juifs, soit Grecs, puissance de et sagesse de Dieu. Car ce qui est folie de Dieu est plus sage que la sagesse des hommes, et ce qui est faiblesse de Dieu est plus fort que la force des hommes. » (1 Corinthiens 1.17, 18; 22-24.)

II.3.2 Edith Stein et la vision de la croix dans la théologie de Jean de la Croix

La vision de la croix dans la théologie de Jean est placée sous le signe de la théologie paulienne de la croix. Cette théologie n'a pas besoin des grandes formules pour s'imposer, c'est seulement un simple témoignage, sans aucun artifice oratoire, sans aucune possibilité de convaincre en se basant sur la raison. Toute sa force est là, elle se trouve dans le kérygme annonciateur de l'avènement et cette force est la Croix du Christ qui représente sa mort sur la croix et sa résurrection.

> « Le Christ est la force de Dieu et la sagesse de Dieu, non pas seulement parce qu'Envoyé de Dieu, Fils de Dieu et Dieu lui-même, mais parce que Crucifié. La mort sur la croix est en effet le moyen de rédemption qu'a inventé la sagesse insondable de

> Dieu. Pour nous démontrer que la puissance et la sagesse humaines sont incapables d'opérer notre rédemption.[119] »

En quoi consiste la croix dans l'interprétation paulienne ? Comme Edith Stein l'a témoigné dans sa vie et l'a fait remarquer chez Jean de la Croix, le Crucifié est le fondement du salut. Cet acte salvifique est une démonstration de l'amour de Dieu, Seigneur sur les morts et les vivants. Dans l'approche de Paul, celui-ci en parlant de la croix, relève que la croix représente le sacrifice de Dieu ; mais la mort du Christ est avant tout un moyen de libération et c'est à ce titre qu'il fait usage de représentations sacrificielles en parlant de catégorie pénale qui démontre la fin de la Loi, au rachat dont Dieu lui-même paie le prix et à l'œuvre de la réconciliation (Ga 3.13 ; 4.5, 1 Co 6.20, 7.23). Jean de la Croix est amené à une conviction inébranlable du message de la croix comme le fait remarquer Edith Stein.

> « Le Sauveur a parlé à Lui-même, à différentes occasions et en divers sens, de la croix : lorsqu'il prédisait Sa Passion et sa Mort, Il avait alors réellement présent devant les yeux, le bois des infamies sur lequel Il achèverait Sa Vie. Et il disait: «...Celui qui ne prend pas sa croix et ne me suit pas n'est pas digne de Moi (Mt 10.38).[120] »

119 *Op. cit.*, p.16.
120 *Ibid.*

Et le Seigneur ajoute aussi que « si quelqu'un veut venir à ma suite, qu'il renonce à soi-même, qu'il prenne sa croix et me suive (Mt 16.24, cf. Mc 8.34) », la croix était le symbole de tout ce qui est lourd, difficile et contraire à la nature. S'en charger, c'était marcher avec la mort[121], et cela traduit la valeur intrinsèque que confère la mort du Christ.

Edith Stein, n'est pas non plus étrangère à cette valeur au vu de son expérience délicate. Selon elle, « une théologie de la croix s'élabore à partir de l'expérience intime, comme on le voit chez saint Paul.[122] » I1 s'agit là d'une vérité vivante, réelle et active, dans laquelle elle entrevoit le critère de vie des Carmes déchaussés. Elle découvre chez Jean de la croix un message authentique concentré sur le verbe de la Croix qui concerne tous ceux qui s'ouvrent à son action.

> « La croix n'est pas une fin en elle-même. Elle se détache sur la hauteur et sert d'appel vers les hauteurs, symbole triomphal par lequel le Christ frappe à la porte du ciel et l'ouvre largement. Alors en sortent les flots de la lumière divine, inondant tous ceux qui marchent à la suite du Crucifié.[123] »

Mais pour arriver à ce stade, il est nécessaire de passer avec lui à travers la mort de la croix, et comme lui, de crucifier sa propre nature, par une vie de mortification et de renoncement, s'abandonnant à une crucifixion pleine de

[121] *Ibid.*, p.12.
[122] *Ibid.*, p. 37.
[123] *Ibid.*, p.38-37.

souffrance et porteuse de mort, de la façon que Dieu décidera ou permettra. Plus parfaite sera cette crucifixion active et passive de l'âme et d'autant plus intense en résultera son union avec le Crucifié, d'autant plus riche sera sa participation à la vie divine.[124]

La valeur intrinsèque de la mort de Jésus est signe de victoire sur la mort comme le souligne L. Morris : « la mort de Jésus est à la fois le résultat de l'œuvre de Satan et un acte par lequel Jésus remporte la victoire.[125] » Ce qui traduit que le combat mené par Jésus dans sa mort contre la mort a été couronné de succès. La victoire est donc une valeur intrinsèque ou objective de la mort du Christ.

---

[124] *Ibid.*, p. 53.

[125] Morris, (L.) cité par (G.) Ladd, *Théologie du Nouveau Testament*, vol. 1, Sator, Paris, 1984, p. 119.

CHAPITRE TROISIÈME

LE CONCEPT DE LA NUIT OBSCURE

Dans ses écrits, Jean utilise toujours le symbole de la nuit. Aussi, il motive l'emploi du symbolisme de la nuit pour deux causes : le sensible et le spirituel en l'homme et pour trois raisons : la nature elle-même, Dieu, le tout-autre, et la foi en l'entendement humain. La rencontre dans la nuit est une expérience amoureuse de Dieu. Dans la nuit est vécue l'union de l'âme avec Dieu par amour. Désir et réalisation se donnent en l'humain. C'est le thème de l'alliance dans l'histoire sainte. Filiation et épousailles dans le Fils de Dieu et le fils de l'homme, transformation et divinisation de l'homme en Dieu, selon la marche de Dieu et celle de chaque âme. Dieu est Amour, là est notre origine et notre identité.

Cette nuit obscure est appelée en d'autres termes, la nuit cosmique et justement, dans cette image de la nuit cosmique, il existe deux volets. Nous avons la nuit obscure qui caractérise tout ce qui est négatif et qui constitue le premier volet; et il y a également la nuit enchantée du clair de lune. Le paradoxe est que cette nuit de clair de lune apporte de la lumière dans l'angoisse de l'être et devient un pédagogue qui amène l'individu à se rendre compte de son propre visage.

> « C'est une nuit qui n'engloutit pas les choses, au contraire, elle leur permet de faire apparaître leur visage nocturne. La dureté, le tranchant, l'éclat des choses, tout est estompé et adouci. Des traits essentiels se découvrent qui jamais n'apparaissent dans la brillante lumière du jour. Des voix que les bruits de la journée assourdissent se laissent aussi percevoir.[126] »

Cette nuit de contemplation où l'être entre en lui-même pour trouver du repos donne un sens à l'existence. Et cela traduit l'expérience de Jean de la Croix qui passait des nuits entières dans la contemplation de la nuit. « Son action sur autrui est immense », affirme Jean Baruzi.[127] Jean de la Croix, s'il parle toujours d'expérience, utilise abondamment la connaissance qu'il a des autres, surtout des questions posées par eux, alors qu'il n'a pu expérimenter lui-même toutes les situations qu'il analyse dans les grands traités ou à l'occasion des commentaires de ses poèmes. Son intention est dès le départ, de décrire largement l'expérience mystique pour que chacun puisse y retrouver son juste chemin personnel.

---

[126] *Ibid.*, pp.41-42.
[127] Baruzi, (Jean), *Saint Jean de la Croix*, p. 399.

III. Édith Stein et le concept de la nuit obscure

Le thème de la nuit largement employé par Jean de la Croix est un symbole facilement admis comme tel. Le but du guide spirituel sera d'aider le disciple à parvenir rapidement à l'obscure contemplation, à entrer dans la nuit de la passivité où Dieu mène le changement. Cette nuit mystique, contraire à la nuit cosmique, procure la paix et le repos parce qu'elle agit sur l'âme et l'esprit.

La nuit cosmique opère de l'extérieur et la nuit cosmique, de l'intérieur. Ce langage symbolique de Jean de la Croix cache cependant une situation réelle, celle de l'âme en quête de la paix et du repos, et celle de l'homme en quête d'une transformation nouvelle. Pour revenir à la distinction entre la croix et la nuit, nous pouvons dire que la croix dans ce contexte, est le signe qui représente tout ce qui se rapporte à la Croix du Christ, qu'il s'agisse d'un rapport de cause ou d'un rapport historique. La nuit par contre, est l'indispensable expression cosmique du monde mystique tel que l'envisage Jean de la Croix.[128]

Le processus d'entrée dans la nuit obscure s'opère de deux façons. Il y a l'entrée active dans la nuit qui est considérée comme une imitation du Crucifié et l'entrée passive, considérée comme une mise en croix. Notons cependant que tout le phénomène de la nuit obscure

[128] *Ibid.*, p.45.

apparaît devant Dieu comme renoncement aux désirs de l'homme et recommencement. C'est la nuit où l'homme doit prendre une décision qui doit entraîner un changement radical de pensée et de comportement. Il y a quelque chose de nouveau qui commence et comme le souligne Edith Stein:

> « Le sentiment confortable d'être chez soi dans ce monde [...], tout cela apparaît à l'homme naturel clair comme le jour. Eh bien, tout cela est ténèbres aux yeux de Dieu, tout cela est inconciliable avec la lumière divine. Il faut que tout cela disparaisse jusqu'à la racine, si l'on veut faire place à Dieu dans l'âme. Répondre à cette exigence, cela signifie accepter sur toute la ligne la lutte contre sa propre nature, se charger de sa croix et se livrer au supplice de la croix.[129] »

III.1 Edith Stein: le symbole de la croix et la nuit chez Jean de la Croix

Edith Stein dans cette approche de la croix et de la nuit, procède à une distinction en ce qui concerne la signification de ces symboles. Il y a la croix qui détermine un signe représentatif et la nuit qui s'inscrit dans une approche cosmique par l'expression. Par rapport au sens, peut-on accorder le même sens à la croix et à la nuit ? Avant de revenir à cette question, il convient de mentionner que le

---

[129] *Ibid.*, pp.50-51.

symbole prédominant dans les poèmes, les traités de Jean de la Croix, n'est point la croix mais la nuit.

Pourquoi Jean de la Croix fait intervenir la notion de la nuit ? Edith Stein en cherchant le sens de ce vocable, semble nous dire que seuls les initiés pouvaient en comprendre le sens utilisé par Jean de la Croix.

> « Le Bienheureux n'a pas écrit son œuvre pour tout le monde [...]. Mais il sait qu'elle ne peut être comprise que par un seul groupe d'âmes bien déterminé; celles qui ont déjà une certaine expérience de la vie intérieure. Il a en vue tout d'abord les Carmes et les Carmélites dont la prière intérieure est la vocation toute particulière. Mais il sait aussi que la grâce de Dieu n'est pas liée à un habit religieux ni même aux murs d'un cloître.[130] »

Cette explication d'Edith Stein suppose que les premiers lecteurs à qui cette œuvre est destinée sont les Carmes et les Carmélites. Cependant, cette œuvre peut être aussi comprise par l'âme qui vit une expérience intérieure et la contemplation de cette vie intérieure est infusée par la grâce et sous l'esprit de la croix. Jean de la Croix écrit donc pour les âmes contemplatives qui sont arrivées à la croisée des chemins et qui attendent, ne sachant plus où se diriger. Cette œuvre doit les inciter à continuer leur chemin et Stein utilise les mots suivants pour illustrer ce parrainage:

---

130 Stein, (Edith), *La Science de la Croix*, p.38.

> « Il les prend par la main, là où la plupart d'entre elles s'arrêtent perplexes, ne sachant plus comment aller au de-là. Sur la route où elles ont cheminé jusque-là, désormais des obstacles infranchissables s'élèvent. La voie nouvelle qui s'ouvre devant elles passe par une obscurité épaisse. Le carrefour dont il s'agit, c'est celui où le chemin de la méditation et celui de la contemplation bifurquent.[131] »

Il convient de dire à ce propos que la notion de la nuit ne peut être comprise qu'à partir de l'approche mystique de Jean de la Croix. Essayons de voir d'abord en quoi consiste le mysticisme de Jean de la Croix ? N'oublions pas cependant que le mysticisme est à la base et aussi au sommet de toute religion. Le mysticisme de Jean de la Croix doit être saisi à partir de son héritage culturel et de sa personnalité propre parce qu'il consiste à faire valoir l'expérience directe de l'Absolu de l'auteur dont l'âme a vécu une forme d'union avec Dieu. Aussi, ayant atteint aux yeux des croyants, l'expérience la plus élevée que l'être humain puisse vivre, il symbolise à partir de ce repère, la source et la fin ultime de la vie spirituelle.

Ainsi, la mystique occupe une place très significative dans ses œuvres. Bien que la mystique puisse inclure des phénomènes comme les visions, les révélations, les manifestations somatiques extraordinaires et les pouvoirs supranormaux, elle se caractérise avant tout par un contact direct ou une union avec un principe spirituel infini. C'est

---

[131] *Ibid.*.

ce que nous pouvons constater dans le *Cantique spirituel* de Jean de la Croix qui comporte divers degrés.[132] Des manifestations variées, non essentielles, relèvent du fait mystique qui s'accompagne de l'extase, de lévitation qui consiste dans l'élévation au-dessus du sol sans appui aucun. Et pour le Christ, les stigmates qui sont sur le corps, les marques mêmes de sa Passion.

Le sentiment que vit l'âme est celui du dépassement. A ce niveau et selon Jean de la Croix, l'âme a tout fait, elle a vécu des moments de grande dévotion, de grandes ambitions dans le domaine spirituel, ce qui constituait pour elle, une présence perpétuelle de l'œuvre contemplative, mais tout ce qu'elle a vécu, expérimenté, commence à n'être plus rien pour elle, et elle se sent lasse et sans espoir parce qu'elle ne trouve plus la joie dans ce qu'elle fait. C'est cette impression d'impuissance et de non solution que Jean de la Croix qualifie sous le vocable de nuit, comme il le souligne lui-même.

> « Les exercices spirituels, jadis source de joie intérieure, deviennent un tourment. Ils donnent l'impression d'un vide insupportable qui ne sert à rien. Et cependant l'âme ne se sent point attirée à s'occuper des choses du monde [...]. Elle préférerait demeurer complètement tranquille, sans bouger et en laissant ses puissances en paix. Seulement cette attitude lui apparaît comme de l'oisiveté et comme une perte de temps. Ainsi en va-

[132] *Ibid.*, pp. 45-47.

t-il dans l'âme quand on veut la faire entrer dans la nuit obscure.[133] »

Cette expérience de vie peut être aussi perçue comme le fait de porter sa croix. Et dans cette perspective, la croix et la nuit semblent prétendre à un fait commun. Aussi, les symboles de la croix et de la nuit peuvent traduire le même fait.

III.1.1 Relation entre la croix et la nuit

La croix et la nuit sont considérées comme des symboles dans le même sens du mot. Lorsqu'on parle de symbole, cela peut avoir plusieurs connotations. Mais dans le domaine spirituel comme on l'a déjà constaté, la croix est un symbole chargé de sens qui exprime une multitude d'aspects, d'idées et d'émotions. A la différence du simple signe qui se contente de la reproduire visuellement et de la figure représentative qu'elle est, ne peut-on pas affirmer que la croix résulte d'une mise en scène ? Pour Jean de la Croix :

> « La figure en tant qu'image fait voir le figuré grâce à une intime ressemblance qu'elle a avec lui. Qui la voit est immédiatement ramené à l'original qu'il reconnaît en elle ou qu'il apprend à connaître par elle. Mais entre le signe et ce qu'il désigne, cette conformité substantielle n'est pas nécessaire [...]. Leurs rapports sont établis sur une base arbitraire,

[133] *Ibid.*, pp.38-39.

> aussi bien, pour comprendre le signe, faudrait-il au préalable, connaître cette base.[134] »

Dans ce cas, faut-il considérer cette dernière comme de pure fiction ? Jean de la Croix fait comprendre par rapport à la figure que la croix n'est évidemment pas une figure au sens propre du mot. Lorsqu'on dit d'elle qu'elle est une image chargée de sens, on ne dit pas beaucoup plus par-là que si on l'appelle symbole dans la large acception du mot dont nous venons de parler. Il s'agit toujours d'un objet concret qui évoque pour nous un sens caché en lui.[135] Au vu de cette explication de Jean de la Croix, nous donnons raison à H.S.J. Edgar quand il souligne :

> « Qu'il faut dépasser et le signe et la figure pour aller au concept de la croix. Car il y a de fait..., un véritable concept de croix, dont il convient par conséquent, tout à la fois de rechercher la genèse historique et de mettre à jour la teneur et la pertinence.[136] »

C'est par son existence à travers l'histoire, le rôle qu'elle a joué que la croix a trouvé toute sa signification. Sa seule forme visible est l'évocation de plusieurs idées qui ont un sens représentatif pour l'être humain. Par contre la nuit est un phénomène naturel d'ordre abstrait qui se présente à nous. Nous la subissons sans pour autant avoir un impact

---

[134] *Ibid.*, p.40.

[135] *Ibid.*

[136] Edgar, (H.S.J.), *Le concept de la croix*, Desclée, Paris, 1991, p. 7.

sur elle. La nuit ne peut être considérée comme un objet ni une figure.

> Elle « est informe et invisible. Et pourtant nous l'apercevons, elle est d'ailleurs plus proche de nous que toutes les formes et toutes les choses, et bien plus étroitement unie à notre être. De même que la lumière fait apparaître les choses avec leurs caractères visibles, ainsi la nuit les engloutit tout en menaçant de nous engloutir avec elles.[137] »

Ne pouvant pas être considérée comme une figure propre parce qu'elle ne donne pas à voir une forme visible, la nuit symbolise tout ce qu'il y a comme danger pour l'existence humaine. Dans la nuit, l'être humain est laissé à lui-même et l'impact de la nuit agit sur lui tant sur le plan corporel que spirituel. Et l'angoisse que nous expérimentons à travers la nuit produit en nous, un avant-goût de la mort. La nuit obscure est synonyme de solitude et de désespoir. Cette nuit obscure pour Edith Stein :

> « Enlève l'usage des sens, entrave nos mouvements, paralyse nos forces, nous bannit dans la solitude, et nous convertit nous-même en ténèbres et en fantômes. Elle est comme un avant-goût de la mort. Tout cela n'a pas seulement de l'importance pour la vie de nos corps. Tout cela agit aussi sur notre propre vie spirituelle et intellectuelle.[138] »

---

137 *Op. cit.*, p.41.

138 *Ibid.*

III.1.2 Edith Stein et le contexte de la nuit de l'esprit

La nuit de l'esprit est désignée aussi par Jean de la Croix par l'expression : la voie étroite. Comme il le fait remarquer, cette nuit de l'esprit fut appelée par lui, la voie de la foi parce que « son obscurité ressemblait à celle qui règne à minuit.[139] » Pour Edith Stein, Jean de la Croix fait intervenir ici deux notions. La première notion concerne l'esprit et la seconde, la foi. Pour que la nuit de l'esprit conserve toute sa dynamique, il faudrait que la foi y joue un rôle très prépondérant. Cependant, elle ne trouve pas facile de relever tout ce que Jean de la Croix donne comme contenu à ces deux nations. Néanmoins pour elle :

> « Nous ne pouvons passer outre ce que Jean entendait par esprit et par foi ? Nous y répondrons en partant de ce qui nous est dit de la Nuit de l'esprit. Dès lors une certaine difficulté se présente. En effet, saint Jean a traité deux fois de ce sujet, dans la montée et dans la nuit, et ces deux ouvrages sont restés inachevés.[140] »

Le souci de Stein se trouve expliqué par ce fait. Cependant, il faut se rendre compte que la notion de la foi et de l'esprit se trouve être sous-jacente à tous les écrits de Jean de la Croix et cela peut nous permettre de faire

---

[139] *Ibid.*, p.60.

[140] *Ibid.*

comprendre en quoi consiste ces deux notions dans son approche.

III.2 Edith Stein et la nuit de la foi chez Jean de la Croix

Jean de la Croix détermine la nuit de la foi comme touchant à la partie supérieure et raisonnable de l'homme parce qu' « elle est donc intérieure, enlève à l'âme la lumière de la raison ou mieux, rend celle-ci aveugle.[141] » Pour comprendre cette assertion de Jean, il est nécessaire de déterminer la notion de la foi dans son contexte biblique et théologique.

III.2.1 La nuit passive de l'esprit

Dans le contexte de la mystique de Jean de la Croix, Edith Stein nous a fait connaître comment s'exprime tout le phénomène de la nuit obscure, en faisant apparaître les différents sens de l'exercice de l'âme. Si l'âme n'a plus le goût de s'adonner à la gymnastique spirituelle, ou bien, si les désirs terrestres n'ont point de mise sur elle, il ne lui reste qu'un seul chemin à emprunter, il s'agit de celui de la foi. Ce chemin de la foi, selon Edith Stein :

> « Représente le Christ pauvre, anéanti, crucifié et même abandonné par son Père céleste. Dans la pauvreté et le délaissement de son Maître, elle

[141] *Ibid.*, p.60.

retrouve son propre état. La sécheresse, le dégoût et l'affliction constituent la «pure croix spirituelle» qui lui est offerte.[142] »

L'acceptation de cet état fait ressortir la grâce du port de la croix. L'âme est abandonnée dans les mains de son maître comme le Maître s'est abandonné sur la croix dans les bras de son Père céleste. Edith Stein est parvenue alors à la contemplation mystique, et elle ne doit pas s'y arrêter, elle doit toujours compter sur Dieu pour la guider. La vie par la foi exige une grande dévotion.

Cependant, si la foi est ce chemin-là qui conduit vers l'union avec Dieu, elle devient le véhicule de l'esprit selon l'expression de Jean de la Croix. En elle, se réalise la naissance douloureuse de l'esprit, la transformation de son être naturel en être surnaturel. Pour comprendre cette idée de transformation de l'être naturel en être surnaturel, il faut débattre de la question de l'activité naturelle de l'esprit. L'Esprit saint est le véritable guide. L'Esprit saint est animé par les vertus théologales, la foi, l'espérance et la charité. L'âme parvient plus rapidement et avec moins de souffrance à l'obscure contemplation et elle y trouve le repos.

La « déité » certes, dans ce contexte, donne sens au chemin spirituel ; c'est dans la fine pointe de l'esprit que Dieu, par l'Esprit saint, se communique. La personne toute entière est appelée à chanter l'Amour. Humilité et charité

---

142 Stein, (Edith), p.134.

seront les critères de la foi. Ainsi l'expérience spirituelle prend le chemin du recueillement pour en être transformé. Dans le livre trois de la *Montée* qui traite de la nuit de la mémoire, Jean explique ci-après ses pensées.

> « Parle, Seigneur, ton serviteur écoute... Celui qui entra corporellement, les portes fermées, dans le lieu où étaient ses disciples et leur donna la paix, sans qu'ils pussent s'expliquer ce que ce pouvait être, celui-là entrera spirituellement [...]. Elle tenait fermées à toute connaissance, les portes de sa mémoire, de son entendement et de sa volonté. Ces puissances seront inondées d'une paix qui coulera sur elle comme un fleuve. Elle se trouvera affranchie des craintes, des inquiétudes, des troubles, des ténèbres [...]. Qu'elle prie avec ferveur car son bonheur est proche.[143] »

Comme le souligne Jean de la Croix, l'esprit, dans son activité extérieure est lié au sens.

> « Mais la vocation de l'esprit ne consiste pas à connaître les choses et à s'en réjouir. Qu'il y soit pris, c'est là une perversion de son être propre et originel. Il doit être délivré de cet esclavage et élevé à la véritable existence pour laquelle il a été créé. Son regard doit se diriger vers le Créateur. Il doit se livrer à lui avec toutes ses puissances.[144] »

---

[143] Croix, (Jean) de la, *Montée, v*ol. III, chap. 1, éd. Carmes. I, p. 390.
[144] *Ibid.*, p.126.

Pour saisir cette donnée de Jean de la Croix, il est nécessaire de présenter de quel genre d'esprit il s'agit. Pour revenir à la notion naturelle de l'esprit, il ne faut pas confondre ce concept avec celui de l'Esprit-Saint dans l'Ancien Testament et le Nouveau Testament. Dans ces deux livres, l'Esprit est vu comme une source d'inspiration.

Dans certains passages, il est désigné comme une « puissance » advenant aux chrétiens qui le reçoivent (Actes 1.8). Cependant, les premières générations chrétiennes en appelèrent tout d'abord au thème de l'Esprit pour souligner le rapport existant entre les prophéties de l'Ancien Testament en ce qui concerne le Messie et leur réalisation en Jésus de Nazareth.[145] De l'esprit dont il est question, c'est ce souffle que nous possédons, qui est le siège de la raison et qui nous fait vivre.

En faisant recours au mythe de la création à travers les lignes essentielles de la conception vétérotestamentaire, il nous est raconté que Dieu fit l'homme de la poussière du sol, et que ce n'est qu'après avoir insufflé un souffle de vie dans cette poussière que l'homme devient désormais une âme vivante ou esprit vivant. L'esprit se présente donc ici comme le résultat final de l'action créatrice de Dieu. C'est l'être humain dans sa totalité, avec l'accent mis sur le fait que cette totalité est vivante. (Gn 2.7)

C'est dans ce sens d'une totalité vivante que les animaux aussi peuvent être appelés êtres vivants. Toutefois, les

---

[145] Blaser, (Klauspeter), *Dossier dogmatique*, p.326.

animaux ne sont être vivants que dans la mesure où ils manifestent dans un ensemble des signes de vie, souvent traduits par la mobilité et la reproduction. Cependant, « l'homme reçoit directement de Dieu le souffle vital dans ses narines, alors que les animaux sont créés selon et en vue de l'espèce.[146] » L'homme, être vivant est donc une totalité vivante qui tire ce fait de Dieu qui l'a créée. Dans la Sainte Ecriture, cette totalité se définit selon les différentes situations dans lesquelles se trouve l'homme, par certaines expressions dont les plus courantes et les plus essentielles sont: le corps, le cœur et l'esprit.

Pour le corps, si l'âme vient d'en être enlevée, il ne restera plus rien, il ne restera plus de corps, sinon la poussière du sol. Le corps exprime l'être en particulier par les organes qui le composent, tels que les reins, le ventre, la bouche, la tête, les pieds, la chair etc… Chacun de ces organes est l'expression de la totalité de l'homme, et fait de l'homme un tout indivisible, le centre du pouvoir. Le corps est un organisme constitué, concret, un tout, une unité.

Le corps humain est visible, tangible, sensible et livrable. C'est l'homme dans sa totalité. Cela définit une manière d'être essentiel et constitutif de la réalité humaine. En définitive, l'homme est une personne vivante pouvant disposer d'elle-même dans le sens complet du terme. En d'autres termes, « L'homme a la possibilité de se prendre

---

[146] Jacob, (E.), *Théologie de l'Ancien Testament*, Delachaux et Niestlé, Neuchâtel, s.d, p.129.

comme objet de son action, de se voir, de s'éprouver comme sujet d'un événement.[147] »

Pour le cœur, bien qu'étant un organe du corps, comme tous les autres que nous venons de citer, le cœur mérite une place à part. Il manifeste cette aptitude de l'âme dans ses tendances et détermine ses actes aussi bien que sa volonté. En effet, nous pouvons dire que le cœur est l'expression de l'âme dans la valeur interne de la somme de sa totalité.

Pour l'esprit, il est traduit au sens premier par le souffle, le vent, la respiration. Mais il arrive parfois qu'il soit employé à la place de l'âme. Il devient alors l'expression de cette dernière dans son état actif. Comme Johns Pedersen le souligne, l' « esprit est la puissance motrice de l'âme. Il ne signifie pas le centre de l'âme, mais la force qui s'en dégage et qui à son tour, réagit sur elle.[148] » Il est aussi à souligner qu'il existe deux tendances en ce qui concerne l'emploi du vocable esprit et âme.

La première tendance est la tendance dichotomiste.[149] Elle fait comprendre que l'être humain est constitué seulement de deux organes à savoir le corps et l'esprit. L'esprit et l'âme ont la même signification.

---

[147] Mehl, (Harald) de, *L'homme selon l'apôtre Paul*, Delachaux et Niestlé, Neuchâtel, 1951, p.11.

[148] Pedersen, (Johns), *Israël its Life and Culture*, tome I-II, Paul Branner, Copenhagen, 1946, p.104

[149] Thiessen (C. Henry), *Esquisse de théologie biblique*, Marne-la-vallée, Farel, 1987, p. 181.

Tandis que la tendance trichotomiste[150] voit dans l'être humain, trois parties à savoir le corps, l'esprit et l'âme. L'approche de Jean de la Croix se trouve être tantôt, celle des dichotomistes, et tantôt, des trichotomistes. Dans certains cas, il emploie le mot esprit pour désigner l'être humain.

> « Quand l'Esprit saint donnera comme des ailes à l'esprit de l'homme et l'emportera vers les hauteurs. L'homme se sentira alors si puissamment saisi par une force plus haute, si éclairée par elle, qu'il aura l'impression de ne plus agir par lui-même, mais de recevoir ces enseignements comme par une révélation divine.[151] »

Quelque fois, il confond l'âme avec l'esprit.

> « [...] Toutes ces afflictions et purifications, l'âme doit les endurer afin de naître à nouveau à la vie de l'esprit... C'est dans ces douleurs qu'elle enfante l'esprit. De plus, par cette nuit de la contemplation, l'âme se prépare à passer à la tranquillité et à la paix intérieure qui est si profonde et si pleine de délices qu'elle surpasse tout sentiment.[152] »

---

150 *Ibid.*, p. 182.

151 Stein, (Stein), p.128.

152 *Ibid.*, p.145.

De même, il différencie l'âme de l'esprit.

> « L'âme soit mise dans le dépouillement absolu et la pauvreté d'esprit… afin qu'ainsi dépouillée du vieil homme elle puisse vivre de cette heureuse et bien nouvelle vie […] qu'est l'union avec Dieu. L'âme doit arriver à une intelligence très élevée et à une connaissance très savoureuse de toutes les choses divines et humaines.[153] »

Cependant, dans ses expressions, Jean de la Croix utilise les deux concepts de manière corrélative. L'esprit et l'âme doivent être sous le contrôle de l'Esprit Saint à travers son rôle d'illuminateur.

> « Le Saint-Esprit en effet, illumine l'entendement (esprit) selon le degré de son recueillement, mais jamais il ne l'illumine mieux que dans la foi. Plus une âme est pure plus elle est appliquée à vivre la foi avec perfection, plus aussi elle reçoit la charité infuse, et plus elle possède de charité, plus l'Esprit Saint l'éclaire et lui communique ses dons.[154] »

Nous pouvons en outre souligner que dans les œuvres de Jean de la Croix, cette trilogie (âme, esprit, Esprit Saint) fonde même le principe fondamental de sa contemplation et sa théologie mystique.

---

153 *Ibid.*

154 *Ibid.*, pp.83-84.

III.2.2 La question de la foi des théologiens

Avant d'aborder cette question, il est nécessaire de saisir ce que Jean de la Croix pense de la définition de la foi en théologie.

> « Les théologiens nomment la foi une disposition habituelle (habitus) de l'âme, certaine mais obscure. Elle est obscure parce qu'elle nous fait croire des vérités révélées par Dieu même, vérités qui sont au-dessus de toute lumière naturelle et surpassent sans aucune proportion tout entendement humain.[155] »

Cette conception mystique de la foi de Jean de la Croix pose un problème pour la définition de la foi dans le domaine biblique et théologique. Que pouvons-nous en dire ? S'il est vrai que la certitude de la foi ne peut s'acquérir que par déduction, et s'il est vrai de même que Dieu se manifeste lui-même comme vérité et fondement de la foi, Walter Kasper pose la question de savoir comment peut-on arriver à l'expérience et à l'illumination de la foi ? Et comment le croyant peut-il saisir de façon immédiate que la vérité de Dieu est le fondement ultime de sa foi ?[156] Ce sont des questions importantes pour lui « parce qu'elle (vérité) vise ce qui fonde en dernier ressort l'acte de foi.[157] »

---

155 *Ibid.*, p.61.
156 Kasper, (Walter), *La foi au défi*, pp.70-71.
157 *Ibid.*

Pour ce faire, parler de la foi dans le contexte biblique et théologique nécessite une mise au point. Avant l'événement que constitue Jésus Christ, c'était pour les Juifs le régime de la Loi et pour les païens, le régime de la connaissance possible de Dieu à travers les merveilles de la nature créée. Mais aucun de ces régimes n'a abouti au salut.

Maintenant, avec la mort et la résurrection de Jésus, tous les hommes sont sous le régime de la foi en Jésus Christ : par lui, ils peuvent recevoir le salut de Dieu. Tout ceci relève d'une question existentielle et comme le souligne Walter Kasper, « la transmission de la foi traverse actuellement une crise grave et pose presque partout problème. C'est la question existentielle à laquelle l'Eglise se doit de trouver une réponse.[158] »

Quelle est la définition donc de la foi ? La réponse est dans la Bible, dans l'épître aux Hébreux 11.1 : « Or la foi est une ferme assurance des choses qu'on espère, une démonstration de celles qu'on ne voit pas ». Hébreux 11 est souvent appelé le chapitre de « la foi ». Ce long chapitre décrit plusieurs des plus grands serviteurs de Dieu qui vécurent à travers l'histoire, en montrant comment leur foi leur permit d'accomplir des actes d'importance, et des miracles, ou d'endurer des épreuves. Le verset 2 déclare : « Pour l'avoir possédée (la foi), les anciens (ces personnages bibliques) ont obtenu un témoignage favorable ». La foi implique une assurance « des choses qu'on espère », une « démonstration de celles qu'on ne voit pas. » Si on espère

[158] *Op. cit.*, p.9.

quelque chose, c'est qu'on ne l'a pas encore reçue. Cependant, là où il y a la foi, il y a aussi l'assurance que l'on obtiendra ces choses que l'on espère.

Mais comment cette démonstration peut-elle se rapporter à quelque chose que l'on ne voit pas ? Ne pense-t-on pas plutôt à la démonstration comme à quelque chose que l'on peut voir ? En d'autres termes, une démonstration n'implique que ce qui peut être vu ou démontré. Mais alors, comment la foi peut-elle impliquer une démonstration de quelque chose d'invisible que l'on ne voit pas ? C'est parce qu'elle implique une espérance. La vraie foi, en toutes les promesses divines, c'est en fait l'espérance. La foi est l'espérance. Si Dieu promet de faire quelque chose, il Lui est impossible de mentir comme le souligne le livre aux Hébreux. 6:18.

Le Christ est la source de la foi parce que la Bible le confirme en Luc 17.5 : « Les apôtres dirent au Seigneur : « Augmente-nous la foi ». Dans Romains 10.17, il est dit : « Ainsi la foi vient de ce qu'on entend, et ce qu'on entend vient de la parole de Christ ». Une foi réelle consiste à croire à ce que le Christ a fait pour nous. Dans Romains 5.1, il est mentionné : « Etant donc justifiés par la foi, nous avons la paix avec Dieu par notre Seigneur Jésus-Christ. »

La foi, c'est avoir confiance en un Dieu pour toutes choses. Dans Hébreux 10.38, il est écrit : « Le juste vivra par la foi ; mais, s'il se retire, mon âme ne prend pas plaisir en lui ». Aussi, une faible foi peut devenir une foi solide avec l'aide de Dieu. Cette petite analyse que nous venons de mener sur la foi nous aide à saisir le sens de ce que Jean de la Croix pense de la définition de la foi en théologie. Dans la foi, il y a la rencontre de l'homme avec Dieu. C'est dans la foi que l'homme passe de l'obscurité à la lumière et pour Jean de la Croix.

> La « connaissance d'une certitude absolue et qui dépasse toute science et tout savoir. Aussi est-ce seulement la contemplation parfaite qui nous permet de nous faire une juste idée de la foi. C'est pourquoi il est écrit: « Si vous ne croyez pas, vous ne comprendrez point.[159] »

Il ressort de cette pensée que la foi, non seulement est perçue comme une nuit obscure, mais elle constitue le chemin de sortie de cette nuit obscure, c'est-à-dire : « le chemin vers le but auquel tend l'âme, l'union avec Dieu. Elle seule en effet, nous donne de connaître Dieu. Comment atteindre l'union avec Dieu sans le connaître ? »[160] La rencontre dans la nuit est une expérience amoureuse de Dieu : dans la nuit est vécue l'union de l'âme avec Dieu par amour. Désir et réalisation se donnent en l'humain. C'est le thème de l'alliance dans l'histoire sainte. En Dieu, c'est fait. Dieu est Amour, là est notre origine et notre identité.

---

[159] *Ibid.*, p.62.
[160] *Ibid.*

Jean de la Croix utilise l'expression nuptiale en parlant de l'union avec Dieu. Au premier abord, la formulation peut paraître intimiste, indifférente à une dimension sociale par ailleurs essentielle dans le christianisme, même sous une forme spécifique.

Mais elle a pourtant chez Jean de la Croix son fondement dans les Écritures en lesquelles la symbolique nuptiale est majeure. Dans 1 Corinthiens 6. 16-17 ; il est dit : « Les deux ne seront qu'une seule chair. Celui qui s'unit au Seigneur, au contraire, n'est avec lui qu'un seul esprit[161] » et 2 Corinthiens 11. 2 : « Je vous ai fiancé à un unique époux, comme une vierge pure à présenter au Christ». Dans l'Évangile selon Saint Jean 17. 20-23 : « Que tous soient un, comme toi Père, tu es en moi et moi en toi.[162] » Pour arriver à cette union avec Dieu, il faut simplement accepter de vivre dans l'intimité de Sa connaissance par la foi.

III.3 La croix : symbole de la mort et de la résurrection

Si l'âme est arrivée à ce stade, c'est qu'elle a eu à vivre une purification. Et toujours dans le contexte de Jean de la Croix, la purification n'est pas que nuit, mais elle est aussi peine et tourment. La volonté doit être purifiée et anéantie pour atteindre la volupté déterminant l'amour de Dieu et celui de l'âme. Cette osmose ne peut se faire que dans la mort et la résurrection de Jésus et de l'âme.

---

[161] Croix, (Jean) de, *Le cantique spirituel*, B 22, 3.
[162] *Ibid.*, B 39, 5.

Le Messie crucifié est puissance et sagesse de Dieu. Il est à constater que le salut de l'homme dépend uniquement de la foi en Jésus-Christ. Néanmoins, il ne s'acquiert pas de façon inconsciente. Pour que l'homme sorte de la nuit obscure et être sauvé, il faut d'abord et avant tout qu'il se mette à l'écoute de la Parole de Dieu ayant comme contenu le Christ crucifié. C'est cette parole qui agit mystérieusement en l'homme.

> « Toutes ces afflictions et purifications, l'âme doit les endurer afin de naître à nouveau à la vie de l'esprit [...] C'est dans ces douleurs qu'elle enfante l'esprit de salut. De plus, par cette nuit de la contemplation, l'âme se prépare à passer à la tranquillité et à la paix intérieure qui est si profonde et si pleine de délices qu'elle surpasse tout sentiment.[163] »

Cette parole ne révèle pas seulement la grâce de Dieu pour l'homme mais aussi le drame de son péché en vue de l'en convaincre et de lui indiquer ensuite la voie de la contemplation du Messie crucifié qui est sagesse de Dieu. Il y a une exigence de croix dans la mort de Jésus. La première exigence exprime la libération. Dans la perspective chrétienne, le péché et la mort qui s'en suit, forment un tout pour dominer l'homme et le réduire en état d'esclavage. Cela revient à dire que le salut de l'homme qui sera opéré sur la croix de Jésus portera sur sa libération du

---

[163] *Ibid.*

péché, de la mort et de Satan qui en est le générateur. A cet égard, pour G. Siegwald, « Si l'Evangile est le jugement sur le péché, ce jugement est une lutte positive pour libérer l'homme du péché.[164] »

La seconde exigence est celle de la justification. La notion de la justification est une notion doctrinale qu'on rencontre plus souvent dans toutes les épîtres de l'apôtre Paul. Et selon l'explication de J.M. Nicole :

> « Le mot justification est un terme juridique. Devant la loi des hommes, il s'agit, pour obtenir un verdict d'acquittement, d'avoir évité le mal et fait le bien. Aussi la première idée qui vient à l'esprit humain, c'est que pour se présenter devant un tribunal divin, on doit avoir pratiqué la vertu.[165] »

Un pécheur justifié par la mort du Christ est en quelque sorte comme un condamné à mort gracié. C'est ainsi que la justification promulguée sur la croix revêt un caractère particulier: elle est, comme le dit C.L. Wisloff, « Un verdict, une sentence juridique, tout à fait remarquable. Car l'homme, l'accusé qui se tient devant Dieu le juge, n'est pas du tout innocent jusqu'à maintenant, seul Jésus a pu être compté pour juste devant Dieu.[166] »

---

[164] Siegwald, (G.), *La loi, chemin du salut*, Delachaux et Niestlé, Neuchâtel, 1971, p.175.
[165] Nicole, (J.M.), *Précis de la doctrine chrétienne*, Institut biblique, Nogent-sur-Marne, 1986, p.175.
[166] Wiloff, (C.L.), *Ce que je croix*, Ngaoundéré, 1976, p.61.

Jean de la Croix utilise un langage allégorique pour traduire ce que nous appelons salut, libération et justification. Pour ce qui est de la libération, c'est au moment où l'âme entre en contact avec Dieu et se laisse diriger par elle. Tout ce mouvement doit se faire dans l'exercice de la foi, c'est-à-dire l'obscurité qui conduit à Dieu.

> « C'est dans la foi de la contemplation que l'âme est saisie par Dieu. L'acceptation de la vérité révélée ne s'effectue pas par une décision naturelle de la volonté. Le message de la foi est annoncé à beaucoup d'hommes qui ne l'acceptent pas pour autant. Des motifs naturels peuvent contribuer à ce refus. C'est que l'heure de la grâce a sonné.[167] »

Cette heure de la grâce reflète l'amour divin qui embrase l'esprit déjà préparé. La justification fait entrer l'esprit dans un état de droit devant Dieu. A ce moment précis, Dieu, à cause de la souffrance de la nuit et celle du Christ, se saisit de l'âme.

> « Par la souffrance de la nuit de l'esprit, la jeunesse de l'âme se renouvelle comme celle de l'aigle. L'intelligence humaine, unie à celle de Dieu par une lumière surnaturelle, devient divine [...]. De même la volonté ne fait plus qu'un avec celle de Dieu et l'amour divin. La mémoire et toutes les affections et appétits sont à leur tour changés et transformés

[167] Stein, (Edith), p.207.

divinement. Aussi l'âme est désormais une âme du ciel plus divine qu'humaine.[168] »

A travers la mort de Christ, l'âme échappe à la nuit. La justification et la libération font entrer celle-ci dans les splendeurs de la résurrection, dans les flammes de l'amour divin, c'est-à-dire, au seuil de la Vie éternelle. Là où l'union avec Dieu sera parfaite. Là où se concrétisera la symbolique de l'Epouse de la Croix.

III.4 Le sens mystique de la croix

Cette étude menée sur l'œuvre de Jean de la Croix par Edith Stein recense des pistes importantes pour la compréhension de la foi d'Edith Stein. Le cheminement d'Edith Stein montre bien à quel point la notion de la contemplation, de la méditation, de la situation de l'âme et de l'esprit est très importante chez Jean de la Croix. Si Jean de la Croix parle de l'âme et de l'esprit qui doivent entrer dans la nuit obscure et en réchapper par la foi pour vivre l'union avec Dieu, nous constatons à quel point la mystique englobe tous les aspects de son approche.

Jean de la Croix traite le problème de la personne à travers l'âme et l'esprit. De même, Edith Stein, traite de la structure de la personne selon une analyse tributaire à Thérèse d'Avila qui elle aussi, est une théologienne de la mystique, en faisant référence à la phénoménologie. L'idée d'une philosophie de la personne s'inscrit chez Edith Stein

---

[168] *Ibid.*, p.152.

dans un domaine de définition scientifique selon le concept Husserlien de science rigoureuse.

L'idée de la personne est un thème très prisé par Edith Stein parce que cela constitue chez elle une expérience par laquelle on peut aboutir à l'existence vécue de façon personnelle. Edith Stein cherche à poser le prédicat de l'essence de la personne par rapport à son vécu. A travers la *Science de la croix*, il y a eu la mise en articulation de trois modes de vie à savoir: qui sont l'âme, l'esprit et le corps.

A travers la définition que Jean de la Croix donne de ces trois modes, celle d'Edith Stein est plus rigoureuse.

> « L'esprit est un terme ambivalent, et il doit être pris dans ce double sens. Il signifie d'une part une personne spirituelle, et d'autre part une sphère [...]. Les relations qui peuvent s'établir entre une personne spirituelle et une sphère spirituelle sont de deux genres : d'une part, toute sphère spirituelle émane d'une personne (éventuellement d'une pluralité de personnes) et celle-ci en est le centre ; d'autre part, une personne peut être intégrée dans une sphère qui n'émane pas d'elle.[169] »

L'idée de la personne chez Edith Stein est perçue sous deux volets. Le premier volet traite de la personne sous l'angle spirituel, et le deuxième de la sphère aussi sous

169 Stein, (Edith), *De la personne*, traduit par (Philibert) Secrétan, Cerf, Paris, 1992, p.28.

l'angle spirituel. Il y a de même une interprétation corrélative entre personne et sphère chez Edith Stein, et âme et esprit chez Jean de la Croix. Dans cette sphère spirituelle, il existe des personnes qui appartiennent à Dieu, et celles qui ne lui appartiennent pas.

Cette notion va au-delà de celle de Jean de la Croix. Edith Stein l'exprime de cette façon : « Ce que nous appelions le royaume du Haut ou de la Grâce est la sphère spirituelle qui émane de Dieu. Les anges sont des personnes qui s'y inscrivent par nature.[170] » L'idée de la libération et de la justification passe par l'appartenance à la sphère spirituelle qui émane de Dieu. Comme Jean de la Croix, Edith Stein est trichotomiste. Pour elle, l'âme est dominée par l'esprit qui agit à travers elle.et l'âme est séparée de l'esprit.

> « Devenir manifeste à l'esprit n'est pas équivalent à l'infusion dans l'âme. Il se peut que l'esprit voie et que l'âme reste vide. Mais aussi longtemps que l'esprit du nouveau royaume ne remplit pas l'âme, celle-ci ne peut y prendre position.[171] »

Cependant, comme Jean de la Croix, l'âme peut vivre l'union avec Dieu dans la grâce sublime.

> « La grâce, pour que l'âme puisse la saisir librement, doit déjà être active dans l'âme ; et pour pouvoir être

---

[170] *Ibid.*
[171] *Ibid.*, p.32.

efficace, elle doit déjà y trouver accès. Et comme le fait l'esprit du Mal, l'esprit de lumière lui aussi, le saint Esprit, provoque dans l'âme dont il prend possession une transformation de ses réactions naturelles [...]. Il y a des réactions qu'il exclut, même là où elles seraient naturelles : haine, esprit de vengeance. Et il y a des actes spirituels et des dispositions psychiques qui sont les formes spécifiques de sa vie actuelle : amour, pitié, pardon, bonheur, paix [...]. C'est pourquoi la paix de Dieu est au-delà de toute raison. Et c'est pourquoi le Royaume de Dieu doit être une folie pour tous ceux qui se tiennent en dehors.[172] »

L'aboutissement de l'œuvre de Jean de la Croix relève de l'analyse de l'être qui fondamentalement, ne peut rencontrer la foi que si l'âme vit dans l'union vitale avec Dieu. Il faut rappeler constamment que saint Jean de la Croix ne désirait pour lui rien d'autre que la souffrance et le mépris.[173] Quelle est la raison de cet amour de la souffrance ? Est-ce simplement une réminiscence aimante du chemin de souffrance de notre Seigneur sur cette terre ? Est-ce l'élan d'une âme fervente qui, pour se rapprocher humainement de lui, cherche une vie semblable à la sienne ? Cela ne correspondrait guère à l'exigeante et forte spiritualité du maître mystique ; et ce serait presque occulter le roi triomphant, le divin vainqueur du péché, de la mort et de l'enfer, au profit de l'Homme de souffrance. Le Christ

---

172 *Ibid.*, p.36.
173 *Ibid.*, p.67.

n'a-t-il pas emmené captive la captivité ? Ne nous conduit-il pas à un royaume de lumière pour que nous y soyons les joyeux enfants du Père céleste ?[174]

Comment faut-il l'entendre ? Le poids de la croix dont le Christ s'est chargé n'est rien d'autre que la déchéance de la nature humaine avec le cortège des péchés, et des souffrances dont est frappée l'humanité. Le sens du chemin de croix est de libérer le monde de ce fardeau. Le retour à Dieu de l'humanité délivrée et son adoption sont un pur don de la grâce, de l'Amour miséricordieux. Mais ce retour ne saurait se faire aux dépens de la sainteté et de la Justice divines. La somme totale des fautes humaines, du péché originel au Jugement dernier doit être compensée par une mesure correspondante d'actes expiatoires.[175]

Le chemin de croix est cette expiation. L'écroulement par trois fois sous le poids de la croix correspond à la triple chute de l'humanité : la chute originelle, le rejet du Rédempteur par son peuple d'élection, l'apostasie de ceux qui portent le nom de chrétien. Sur le chemin de la Croix, le Sauveur n'est pas seul et il n'est pas entouré que d'ennemis qui le harcèlent. Il y a aussi la présence des êtres qui le soutiennent. Chaque homme qui dans la suite des temps, a porté un lourd destin en se souvenant de la souffrance du Sauveur, ou qui a librement fait œuvre de pénitence, a racheté un peu de l'énorme dette de l'humanité

---

[174] *Ibid.*
[175] *Ibid.*, pp. 67-68

et a aidé le Seigneur à porter son fardeau.[176] Bien plus, c'est le Christ, Tête du Corps mystique qui accomplit son œuvre d'expiation dans les membres qui se prêtent de tout leur être, corps et âme à son œuvre de rédemption.

L'exigence de la souffrance pénitentielle ne peut naître que chez ceux dont l'œil spirituel s'est ouvert aux connexions surnaturelles entre les événements du monde ; et cela n'est possible que chez ceux en qui vit l'Esprit du Christ. Ceux qui sont membres de son Corps, tiennent du Chef la force, le sens et la direction de leur vie. D'autre part, l'expiation nous relie tous plus étroitement au Christ.[177] De même qu'une communauté travaillant à un but commun, se trouve plus intimement unie, et de même que les membres d'un corps, dans le jeu harmonieux de leurs interactions, forment un tout plus cohérent. Aider à porter la Croix du Christ donne une joie pure et profonde.

Un Dieu qui accepte de passer par la croix pour se révéler aux hommes et leur dire son amour, c'est une perspective nouvelle impensable dans la logique humaine. Cela traduit de fait l'originalité radicale de la Révélation chrétienne. Le Christ accepte d'aller jusqu'à la mort librement par amour en donnant sa vie pour tous les hommes. Si la croix traduit le scandale du mal, la foi interdit de s'y résigner.

III. 5 La confiance présente dans la croix

[176] *Ibid.*, p.318.
[177] *Ibid.*, p.319.

Pour Jean de la Croix, le chrétien trouve dans la prière d'abandon entre les mains de Dieu et l'offrande de soi, une participation au sacrifice du Christ et une source paradoxale d'engagement dans le combat pour la justice et la pratique de la charité.[178] Tout ce que le Christ a dit et fait se trouve scellé sur la croix où il se livre en offrant sa vie. La mort du Christ ne peut pas être comprise si elle est coupée de sa vie.

Cette vie est la vie même de Dieu. Non pas une vie qui s'achève dans la mort, mais une vie qui traverse la mort. Il n'a pas reculé devant la mort, il l'a affrontée au nom de la vie. Il est la Vie.

Contemplant le mystère de la mort de Jésus en croix, Jean dans sa première lettre voit jaillir l'eau et le sang de la plaie ouverte du côté du Christ. L'eau est source de vie, elle annonce le Baptême. Le sang est la vie, il annonce l'Eucharistie.

Pour Edith Stein, la confiance présente dans la croix détermine sa façon de penser qui était basée sur un idéalisme moral exigeant. En accord avec ses capacités intellectuelles, elle n'a voulu accepter rien sans examen profond, même pas la foi de ses pères. Elle a voulu aller au fond des choses elle-même. Ainsi, elle a été engagée dans une constante recherche de la foi. En regardant cette période de malaise intellectuel dans sa vie, elle l'a vue

---

178 *Ibid.*, p.334.

comme une phase importante dans un processus de maturation spirituelle.

La recherche de la foi est elle-même dans un sens très profond une recherche de Dieu. Mais, soutenue par sa foi au Christ, Edith Stein a accepté de partager les souffrances du Sauveur dans sa Passion et une paix profonde l'a envahie. La Croix, pénétrant au plus intime de son être l'a en même temps blessée et guérie. Édith, dans sa jeunesse se trouve transformée par l'épreuve, et ne laisse rien paraître des sentiments qui l'agitent, mais elle en reçoit une impression ineffaçable.

CHAPITRE QUATRIÈME

LE CONTEXTE DE *L'ÊTRE FINI ET L'ÊTRE ÉTERNEL*

Cette œuvre s'inscrit dans les grands moments de décision d'Edith Stein. Elle a été conçue au moment où l'âme d'Edith Stein a été saisie par Dieu, c'est-à-dire au moment où elle a décidé d'abandonner toute sa vie de philosophe séculière pour suivre sa vocation religieuse. Toutes les souffrances qu'elle a encourues de manière intérieure qu'extérieure, sont décrites dans cette œuvre.

Ces souffrances lui ont permis de constater un fait, c'est que l'être fini a besoin d'un Etre infini pour transcender et s'élever au-delà de la souffrance et cela ne pourra être possible que grâce à la conviction propre de l'être fini et à la foi en l'Etre éternel. Elle le disait de la manière suivante :

> « Ce qui n'entrait pas dans mon dessein entrait dans le dessein de Dieu. La foi me donne la conviction toujours plus vive que, du point de vue de Dieu, il n'y a pas de hasard, que ma vie entière jusqu'en tous ses détails est préfigurée dans le plan de la divine providence et que, pour Dieu qui voit tout, elle constitue un ensemble d'un sens parfaitement

> cohérent [...]. Alors je commence à me réjouir d'avance de la lumière de gloire dans laquelle, à moi aussi, cette cohérence sera dévoilée.[179] »

Le cheminement de l'être fini à l'Etre éternel n'est pas le fait d'une aventure mystique ou d'un sentiment religieux. Tout cela traduit la grande quête envisagée par Edith Stein à travers l'expérience de son existence en tant que philosophe. Les recherches concernant l'essence de l'être ont conduit Edith Stein, comme on l'avait constaté dans l'analyse de la phénoménologie et Philosophie chrétienne, à l'idée que la *philosophia perennis* est une quête continuelle de l'existence de l'être vrai par l'esprit humain et selon L. Gelber :

> « Cette aspiration se manifeste maintenant par des recherches sur le sens de l'être. Et c'est sous la forme d'une vaste profession de foi que les résultats de cette recherche sont exprimés dans la tentative d'une montée vers le sens de l'être. [...]. Edith Stein elle-même décrit cette évolution dans les termes suivants : « le point de départ de la doctrine thomiste de l'acte et de la puissance a été maintenu, mais uniquement comme point de départ. Au centre de l'ouvrage se trouve le problème de l'être. C'est dans l'examen même de ce problème que s'opère la

[179] Romaeus, (P.), «Introduction», in *L'Etre fini et l'Etre éternel*, traduit par G. Casella et F.A Viallet, Nauwerlaerts, Beauchevin, 1998, pp. V-VI.

confrontation entre la pensée thomiste et la pensée phénoménologique.[180] »

En dehors de la pensée thomiste, nous dirons que l'ouvrage d'Edith Stein dans son ensemble, concerne plus le rapport de la connaissance de l'être, du sens de l'être avec la foi. De même, cette œuvre ne peut se comprendre qu'à partir des souffrances vécues par l'auteur sur le plan interne et externe, souffrances qui l'ont amenée au déploiement profond de l'Etre éternel. Ce chemin l'introduit dans la connaissance de la foi.

IV. SENS DE L'ÊTRE ET DE LA FOI

Dans cette perspective de recherche, Edith Stein pose un préalable dans le sens de la philosophie chrétienne. En se basant sur l'approche scolastique, elle nous fait comprendre que malgré les notions théologiques qui y abondent, la lecture doit se faire sous une dimension philosophique. Les expressions doivent être envisagées de même dans un sens philosophique. La question de l'être dans cette pensée scolastique, touche à la notion du Créateur et de la créature. Notion qui a été traitée par les théologiens. Cependant, Thomas d'Aquin en analysant ce concept, rejoint la philosophie aristotélicienne en se référant à l'opposition entre l'acte et la puissance. Cette pensée avait révolutionnée la pensée grecque parce qu'elle mettait l'accent sur l'Etre premier et véritable.

---

[180] Gelber, (L.), «Préface», in *L'Etre fini et l'Etre éternel*, p. XX.

La question qui était restée toute entière est toujours celle de déterminer qu'est-ce que l'étant ? Déjà, cette notion a été traitée dans la première section à travers Heidegger et Edith Stein, mais justement dans cette œuvre, Edith Stein la soulève de nouveau et G. Casella essaye de nous donner la raison de ce choix en nous parlant des liens de ce livre.

> « Nous devons encore dire un mot sur le lien de cet ouvrage avec les tentatives les plus significatives, réalisées à notre époque, pour fonder la métaphysique : la philosophie de l'existence de Martin Heidegger et la thèse opposée : la doctrine de l'être, telle que nous l'avons connue dans les ouvrages de H. Conrad-Martius [….]. Au moment où l'auteur était assistante de Husserl à Fribourg, Heidegger s'orientait vers la phénoménologie. Ce qui amena l'auteur à connaître personnellement Heidegger et une première prise de contacts objectifs ; mais ceux-ci furent bientôt interrompus par suite d'une séparation dans l'espace et de carrières différentes. L'auteur a lu l'ouvrage d'Heidegger, l'Etre et le temps peu après sa parution ; ce livre lui fit une forte impression mais l'auteur ne put à ce moment se livrer à une discussion objective.[181] »

Cette justification prouve à quel point ce thème est important dans la philosophie d'Edith Stein. Dans l'analyse de l'Etre, Edith Stein part de la philosophie d'Aristote et de

---

181 G. Casela, «Avant-propos» in L'*Etre fini et l'Etre éternel*, p.5.

Thomas d'Aquin. Pourquoi les deux auteurs ont-ils retenu l'attention de Stein ? Pour G. Casela, il ne peut y avoir qu'un seul souci de l'auteur.

> « Lorsque notre recherche objective nous a conduits à certains résultats qui peut-être auraient été atteints d'une façon plus rapide et plus facile en partant d'un autre point, ce n'est cependant pas une raison pour désavouer ensuite le chemin suivi. Il est fort possible que les obstacles et les difficultés que nous avons été obligés de surmonter sur cette voie puissent précisément être utiles à d'autres.[182] »

Nous savons qu'influencer par Aristote, Thomas d'Aquin a repris certains concepts traités par celui-ci pour enrichir sa notion de l'Etre, surtout, en ce qui concerne l'acte et la puissance. Si Aristote a posé le prédicat sans pour autant en être éclairé par la théologie, Thomas d'Aquin, au contact avec la théologie, établit un lien entre l'Etre et Dieu, l'acte et la puissance. Edith Stein justifie alors son choix en faisant comprendre que Saint Thomas a repris le problème de l'Etre tel qu'il se trouvait dans la doctrine d'Aristote. La conception aristotélicienne de la philosophie en tant que science élaborée uniquement par la raison naturelle lui facilita la tâche.

D'autre part, pendant les siècles chrétiens, la philosophie a collaboré étroitement avec la théologie ; elle fut ainsi mise en présence des faits dont elle n'avait aucun

---

[182] *Ibid.*

pressentiment durant son état préchrétien. Aristote ignorait l'existence de la création, celle d'un homme-Dieu réunissant deux natures en une seule personne. Celle d'une divinité trinitaire et d'une nature en trois personnes.[183] La doctrine de l'Etre, si poussée soit-elle chez Aristote, était incapable de découvrir ces vérités découlant de la foi.[184] Ces points mériteraient d'être traités et compris mais avant cela, il est important de savoir ce que Thomas d'Aquin attend par acte et puissance.

IV.1 Acte et puissance de l'être

Pour comprendre la philosophie thomiste en ce qui est du problème de l'acte et la puissance, nous dirons que ces deux points sont abordés dans un contexte d'opposition. L'acte est considéré comme la réalité, la chose qui est efficace, l'action. Il est une nécessité en ce qui concerne les questions relatives à l'Etre. Et la puissance est la possibilité, la faculté de faire et le pouvoir d'être. Comme Edith Stein le souligne : « La première question posée par saint Thomas dans les *Quaestiones disputae de potentia* est la suivante : Dieu possède-t-il la puissance?[185] »

Pour Edith Stein, la notion de puissance et acte de l'être est difficile à cerner si nous nous écartons du contexte de ce livre aussi, elle prend la précaution de poser quelques principes à sa compréhension.

---

[183] *Ibid.*

[184] *Ibid.*, p.10.

[185] *Ibid.*

> « La réponse fait entrevoir une signification double des notions de puissance et d'acte. L'ensemble du système est partagé par une ligne qui, en commençant par l'Etre, divise chaque notion en deux aspects différents, l'un supérieur, l'autre inférieur : on ne peut pas dire la même chose, avec un sens identique de Dieu et de ses créatures [….]. Toutefois, les mêmes expressions peuvent être employées pour Dieu et les créatures, dans le cas où les termes ne sont ni *univoques* ni simplement *équivoques*, mais possèdent entre eux une relation de *concordance*, d'*analogie.* Et l'on pourrait ainsi donner à la ligne de séparation le nom de d'*analogia entis* pour désigner la relation entre Dieu et la créature.[186] »

Il est vrai que dans ce contexte du Créateur et de la créature, il n'y a pas de différence dans l'utilisation de ces deux termes. Il existe une analogie participative de rapport formel entre les êtres et Dieu.[187] Bien plus caractéristique, en revanche, est le fait que la participation soit conçue comme communication de l'acte à un sujet en puissance. Le rôle que jouent l'acte et la puissance manifeste une conception nouvelle de la causalité et de l'être.[188]

---

186 *Ibid.*, p.8.

187 *Ibid.*

188 *Ibid.*

En règle générale, c'est le sujet qui participe qui constitue la puissance vis-à-vis de l'acte. En d'autres termes, participer ce n'est pas seulement avoir partiellement la forme qui subsiste en plénitude dans un autre, c'est aussi avoir, à titre de partie, l'acte qui constitue un autre en totalité, c'est dans ce sens que Saint Thomas énonce l'axiome de composition qu'il invoque pour distinguer dans les créatures l'essence de *l'esse.* Rappelons que la doctrine de l'acte et de la puissance constitue l'essence même du thomisme, doctrine qui, selon l'expression imagée d'Édith Stein, ressemble au portail d'un grand édifice qui se voit de loin dans toute sa hauteur.[189] »

Pour traiter de cette doctrine, Edith Stein a préféré analyser l'œuvre de Thomas d'Aquin qui pour elle, reste encore une philosophie pure à savoir : « *De ente et essentia* », dans le but d'arriver à une compréhension objective de cette doctrine. Dans cette œuvre portant sur l'être, Thomas d'Aquin établit des degrés d'approches pour la connaissance de l'étant. Les principaux sont au nombre de trois.[190] Selon Saint Thomas, le premier degré concerne les choses matérielles ou composées. Il y a la matière et la forme. Ce degré touche tout ce qui est corps. Il peut être question des êtres vivants, des objets inanimés et de l'homme.[191]

---

[189] *Ibid.*, p.37.

[190] *Ibid.*

[191] *Ibid.*

Le deuxième degré est celui qui intègre les purs esprits ou les êtres simples. Edith Stein précise que : « Ici, Aristote pensait aux esprits par lesquels, à son avis, les astres sont mus. Les penseurs du Moyen Age entendaient par-là les anges. Thomas appelle ces purs esprits des êtres simples puisqu'il les considère comme de formes pures.[192] »

Et le troisième degré est celui du premier étant. C'est-à-dire Dieu.

> « Que le premier étant, la cause de tout autre, soit de l'être absolument simple et pur, tout le monde l'admet. En refusant d'admettre, comme Thomas d'Aquin, une composition de matière et de forme pour les esprits créés, il fallait chercher un autre moyen pour les distinguer du premier étant. Dans cet ordre d'idées, Thomas arrive à la séparation de forme et d'être pour les esprits créés. En eux, forme équivaut à essence (*essentia*).[193] »

Cette logique d'explication nous démontre comment Thomas d'Aquin fait intervenir dans sa doctrine de l'être, d'acte et de puissance, les concepts aristotéliciens de forme, de matière et de substance. En partant du noyau de la conception thomiste de l'être, la doctrine de l'acte et de la puissance, Stein conçoit l'étant comme un royaume à plusieurs échelons. Ce sont, d'après saint Thomas : le monde substantiel, c'est-à-dire la nature morte et vivante

[192] *Ibid.*, p.38.
[193] *Ibid.*

avec tous les êtres y compris l'homme, deuxièmement, les êtres purement spirituels tels que les anges, et troisièmement, l'être premier, Dieu.[194]

A l'origine de cette hiérarchie se trouve la différence dans les niveaux de la puissance et de l'acte. Les échelons supérieurs ont moins de puissance et plus d'actualité. Ainsi dans cette esquisse, la nature, bien que divisée et graduée en elle-même, représente l'échelon le plus bas, c'est-à-dire le moins actuel. Pour Aristote, ce n'est rien qu'une puissance, c'est-à-dire l'origine d'être du mouvement et du changement.[195]

Dans le sens étymologique lorsqu' il est question de de la nature, *phusis*, désigne la formation de ce qui émerge de quelque chose ou de quelque part. Dans un sens, c'est le lieu où tout ce qui pousse prend son origine. Dans un autre sens, c'est ce par quoi les choses qui ne sont pas naturelles sont formées, c'est-à-dire la matière première. Cependant, *phusis* peut être traduit par le mot *oussia*, c'est la nature des choses naturelles, c'est-à-dire leur forme substantielle ou essentielle et dans un sens large, chaque existant comme tel. Comment peut-on considérer l'être vivant comme *oussia* ?

> « L'*oussia* au sens le plus restreint et le plus particulier du terme, qui avait été étudié par Aristote, est une substance, c'est-à-dire un réel en soi qui contient et déploie sa propre essence.

[194] *Ibid.*
[195] *Ibid.*, p.39.

> *Essentia*, c'est l'essence en tant que détermination « quiddique » inséparable de l'étant et lui servant de fondement. Dans les produits matériels spatiaux, elle tire son origine de la forme essentielle informant la matière [...]. Les produits matériels spatiaux, inanimés et animés n'épuisent pas l'extension du terme *oussia.* Il existe aussi dans le domaine de l'esprit un étant indépendant et particulier. Pour l'Etant premier, il est maintenant évident que le nom d'*oussia* lui revient au sens le plus fort et le plus éminent du terme, puisqu'il possède un privilège existentiel infini, supérieur à toute propriété finie.[196] »

Pour revenir au problème de degré, Edith Stein fait remarquer que les purs esprits qui sont au deuxième degré, leur substance est séparée de leur être et leur être est vu comme leur acte. Cet état de distinction va de soi avec celui du troisième degré à savoir le premier étant, nommé Dieu qui est Etre pur et Acte pur.[197] Comment ces degrés peuvent-ils nous permettre de comprendre la communication qui sévit entre puissance et acte, tant par analogie que par participation ?

> « De même, si l'on ne concevait qu'un seul sens d'être, partout le même, et si l'acte et l'être coïncidaient simplement, il serait également impossible de dire qu'il existe quelque chose qui

---

[196] *Ibid.*, p.278.
[197] *Ibid.*, p.39.

> soit plus ou moins acte et se trouve plus proche ou plus loin du premier Etre [....]. Ainsi nous arrivons à distinguer des degrés de l'être et à comprendre l'acte et la puissance comme des modes de l'être. Le passage de la puissance à l'acte ou, ainsi que nous pouvons le dire maintenant, de l'être possible à l'être réel est un passage d'un mode d'être à un autre et précisément d'un mode inférieur à un mode supérieur.[198] »

Le concept d'acte et de puissance ne peut être circonscrit de façon totale en si peu d'articulation aussi, nous allons nous limiter à un seul volet qui semble déterminer toutes les autres approches. Il est question de l'inscrire dans le domaine de l'Etant, à savoir Dieu. Quelle relation peut-on établir entre l'acte et la puissance dans ce mouvement ? En ce qui concerne Dieu, on est tenu de parler de puissance et d'acte. Ces deux actions ne se contredisent pas. Cependant, elles se développent de façon distincte pour la créature. L'acte de la créature veut dire selon Edith Stein :

> «Action ou activité qui commence, finit et présuppose comme fondement une puissance passive. L'action de Dieu n'a pas de commencement ni de fin; elle subsiste de l'éternité à l'éternité; elle repose sur l'immutabilité même de son Etre [...]. Rien n'existe en Lui qui ne soit acte : *actus purus*. C'est pourquoi l'acte de Dieu ne

[198] *Ibid.*, p.40.

> présuppose aucune puissance préalable; il n'a besoin d'aucune puissance passive exigeant d'être mise en mouvement, activée, du dehors [...]. La puissance de Dieu est une, son acte est un, et dans l'acte, la puissance est entièrement actualisée.[199] »

Voilà comment Edith Stein établit la corrélation entre acte et puissance pour parler de l'Etant. Il est vrai que le problème soulevé touche la question de l'essence et de la nature de Dieu. Mais à la différence de Saint Thomas qui accède à l'analyse de l'être par les questions de l'essence divine et de celle des anges, Edith Stein est convaincue qu'il faut suivre le chemin augustinien et partir du plus proche de nous, le fait de notre être, ainsi que le chemin aristotélicien qui part des premières données. Les choses sensibles, la nature.

Si on explique l'être par cette région de l'être qui est la plus proche de nous, la vie du moi, on rencontrera une donnée originaire, l'essence du vécu. Les essences du vécu divisent, ordonnent et unifient les unités de la conscience en constituant le sens et la compréhension. En cherchant à comprendre ces derniers, on fait face au *logos*, l'origine ultime, inexplicable et incompréhensible du sens, de la parole et de la compréhension. Comme la compréhension est un dérivé ou une visée de sens, la compréhension et le sens vont ensemble.

---

199 *Ibid.*, p.8.

Il ne faudrait pas pour autant mélanger le sens, c'est-à-dire l'essence que nous trouvons comme déjà là sans pouvoir la définir, et la notion, qui est une définition ou synthèse de caractères abstraits que nous faisons. Ainsi les essences du vécu ne sont pas un vécu, mais un être inchangeable, intemporel qui nous renvoie à l'être éternel de l'Être suprême identique à son essence. Par-là, notre être changeable et fugitif s'avère impensable sans cet autre être en soi et par soi, maître de la totalité de l'être et en même temps, identique à lui.

La nature avec la multitude d'êtres qui deviennent et disparaissent est fondée et trouve son origine dans ce « royaume du sens ». C'est l'Etre éternel lui-même qui a constitué en soi (non dans un devenir temporel), les formes éternelles d'après lesquelles le monde est créé dans le temps. Ce mystère est à déchiffrer dans le passage de l'apôtre Jean : « Au début était le *Logos* (Jn 1.1) », que l'on doit concevoir comme la *Parole éternelle,* c'est-à-dire comme la deuxième personne de la Trinité. La Parole éternelle évoque « la parole intérieure » et, à son tour, la parole humaine, « la parole extérieure ». Pour bien comprendre ce passage, il faut y ajouter les propos de Paul : « Il est avant toutes choses, et toutes choses subsistent par lui » (Col. 1: 17). Autrement dit, le *Logos* est l'être-essence réel de Dieu qui en tant qu'Esprit est le sens de tout (le contenu de la connaissance divine) et en même temps la parole (le contenu de la révélation du Père).

Par sa place dans la Trinité, le *Logos* correspond au sens comme contenu des choses naturelles et en même temps comme contenu de notre connaissance et de notre langage. C'est précisément là l'analogie entre la Parole éternelle et la parole humaine. Nous avons déjà dans la première partie, analysé cette portée de *Logos*, et dans cette œuvre, Edith Stein y revient en ce qui concerne l'être du moi et l'Etre éternel.

> « Dans mon être je tombe donc sur un autre être qui n'est pas le mien mais qui est le soutien et le fond de mon être ne possédant en soi ni soutien ni fond [...]. Je peux arriver à ce fond que je touche en moi-même afin de connaître l'être éternel par deux voies. La première est celle de la foi : Si Dieu se révèle comme l'Etant, comme le créateur et le conservateur et si le Sauveur dit : « Celui qui croit au Fils à la vie éternelle (Jn 3.36). »

Ce sont là des réponses claires à la question énigmatique concernant l'être propre. Et si Dieu dit par la bouche du prophète qu'il est plus fidèle que père et mère et qu'Il est amour lui-même, Edith Stein atteste ce qui suit : « je reconnais combien toute peur de chute dans le néant est insensée, pourvu que je ne m'arrache pas moi-même au bras protecteur.[200] »

Cette réflexion d'Edith Stein fait intervenir deux modes d'être pour la connaissance de l'Etre éternel. Il y a le premier mode qui est la foi en un Dieu révélé comme l'Etant et le second, la parole créatrice. Ici, Edith Stein

---

[200] *Op. cit.*, p.64

établit la corrélation entre la foi et le *Logos*. Parce que le chemin de la croix étant obscur « Dieu même abaisse son langage à la mesure de l'homme afin de rendre saisissable l'insaisissable.[201] » Comment pouvons-nous comprendre alors la dynamique de cette manifestation du *Logos* ? Ce qui nous pousse à revenir de nouveau sur cette notion du *Logos* comme manifestation cosmique de la puissance de l'Etant.

IV.2 Le *Logos*, manifestation cosmique de la puissance de l'étant

Comme nous le confessons, les deux premières tablettes de Genèse excluent la possibilité pour l'Etant de se servir d'un instrument autre que le *Logos* pour créer l'univers du néant ou *ex nihilo*. Il lui suffisait de prononcer un mot pour que telle ou telle chose existe. Nous assistons là à la force créatrice du *Logos*.

L'Evangéliste Jean révèle dans son prologue que cette Parole créatrice qu'il désigne par le terme de *Logos* ou Verbe, n'est autre chose que Christ lui-même. Il va même jusqu'à confirmer que c'est elle qui est à l'origine de toutes choses. C'est dire que l'Evangéliste veut attirer l'attention sur l'existence éternelle du *Logos* ou du Fils de Dieu qui est Dieu lui-même. Il convient de signaler que la conception christologique de Saint Jean s'apparente à celle du stoïcisme qui prétend que c'est le feu qui était à l'origine de l'univers. Et que ce feu, est une certaine intelligence (*nous*) ou sagesse (*sophia*), ou encore *Logos* qui peut être à la fois,

[201] *Ibid.*, p.66.

transcendante et immanente. Pour les stoïciens, ce *Logos* n'est pas une personne en Dieu mais plutôt une puissance qui saisit l'univers. Mais à l'opposé de ce point de vue philosophique, la christologie johannique conçoit le *Logos* comme l'image de la sagesse vétérotestamentaire jouant le rôle de créateur selon la littérature sapientiale (Proverbes 8. 22-23).[202]

Signalons par ailleurs que les apologètes, à l'instar de Justin Martyr, se sont également penchés sur la conception du *Logos* dans l'élaboration de leur christologie. Tout comme Saint Jean, ils affirment que le *Logos* existait avant qu'il ne soit fait chair, tout en mettant un accent particulier sur sa divinité. Il croit que toute intelligence humaine tire sa racine dans le *Logos*.[203] Et « il n'hésite pas à déclarer qu'il s'agit du Verbe (ou du Christ) qui prenait part à la création.[204] » Et « il est hors du doute que pour lui, le *Logos* est une réalité substantielle qu'il est ce que nous appellerions aujourd'hui une personne.[205] »

> « L'Ancien Testament fournit à Saint Paul l'idée de préexistence en ce sens que le Christ prévu pour Israël a été préparé de toute éternité et a existé de toute éternité dans les desseins de Dieu [...]. Ce personnage qui devait accomplir l'œuvre de Dieu

---

[202] Laugerud, (T.), *Le monde du Nouveau Testament*, Antanarivo, 1987, p.172.
[203] Martyr, (Justin), cité par (J.L.) Neve, *Op. cit.*, p.40.
[204] Martyr, (Justin), cité par (A.) Vacant, (E.) Mangenot et *al*, *Dictionnaire de Théologie catholique*, tome 8, collection 2257, Paris, 1928, p.40.
[205] *Ibid.*

> s'appelait dans la pensée de Dieu son *Logos*. De même l'apocalyptique juive a concrétisé cette idée de préexistence jusqu'à faire du Christ, devenu Fils de l'Homme de Daniel, un être préexistant.[206] »

Ce même auteur pense que dans 1 Corinthiens 1.24, l'apôtre Paul « nous met sur la voie d'identifier le *Logos* dans sa préexistence avec une Puissance de Dieu et avec la sagesse personnifiée.[207] » Et c'est vrai lorsqu'on veut observer dans sa totalité la christologie paulinienne. Il n'y a pour nous qu'un seul Dieu, le Père, de qui tout vient et vers qui nous allons et un seul Seigneur Jésus-Christ par qui tout existe et par qui nous sommes (1 Co 8.16). Nous pouvons remarquer en effet que les christologies des apôtres, et les efforts apologétiques déployés par la patristique, accordent au *Logos* crucifié la puissance créatrice de Dieu et l'existence éternelle comme le souligne F. Godet.

> « Le *Logos* n'a pas été l'organe de Dieu uniquement pour faire passer tous les êtres du néant à l'existence: c'est elle encore qui, une fois le monde crée, reste le principe de sa conservation et de son développement ultérieur physique et moral.[208] »

Le *Logos* est et demeure donc le garant éternel de la subsistance et la marche du monde vers la perfection. Voilà

---

[206] Cefaux, (L.), *Commentaire*, p.373.
[207] *Ibid.*, p.206.
[208] Godet, (F.), *Commentaire sur l'Evangile de Saint Jean*, Delachaux et Niestlé, Neuchâtel, 1970, p.41.

comment nous pouvons comprendre la manifestation de l'idée de l'être Eternel dans l'approche steinienne.

IV.3 L'homme en tant que corps, âme et esprit pour la foi

Cette question a été développée également par Jean de la Croix. Dans le contexte d'Edith Stein et de Thomas d'Aquin, l'homme est un être fait de corps, d'âme et d'esprit. Dans la mesure où par nature, il est un esprit, et en tant qu'esprit, l'âme humaine se dépasse elle-même dans sa vie spirituelle. Cependant, l'esprit est logé dans le corps matériel qu'il anime et qu'il forme pour en faire son corps. Ce qui revient à souligner que la personne humaine est constituée de corps et d'âme.

L'âme est-elle composée de matière et de forme ? Il semble que oui parce qu'une âme simple ne peut être sujet. Mais l'âme est sujette à savoir des sciences et des vertus. Elle n'est donc pas une forme simple. Donc elle est composée de matière et de forme.

Pour Edith Stein :

> « Ce qui est corporel n'est jamais simplement corporel. Ce qui différencie le corps physique, c'est qu'il est un corps animé. Là où il y a un corps

propre, il y a aussi une âme. Et inversement: là où il y a une âme, il y a aussi un corps propre.[209] »

L'âme appartient à l'unité de la personne et elle y participe. Et, par la même raison, les sujets participent, mais non pas leurs formes. Ainsi le blanc peut participer à quelque chose en dehors de la blancheur, mais non pas la blancheur. Or l'âme participe à quelque chose, à savoir à tout ce par quoi elle est informée. L'âme n'est donc pas qu'une forme, elle est composée de matière et de forme.

IV.4 Édith Stein et le « château de l'âme »

Ce titre vient de l'exposé de Thérèse d'Avila et traite de la corrélation qui existe entre le corps, l'âme et l'esprit. Edith Stein, dans son approche, en traite les grandes lignes. Pour elle, l'âme n'est que forme et pourtant en puissance à quelque chose, il est très évident que l'être même est son acte. Elle-même en effet n'est pas son être. Or d'une unique et simple puissance, unique est l'acte. Par conséquent, l'âme ne peut être sujette de rien d'autre que de l'être même. Il est manifeste qu'elle est encore sujette de bien d'autres choses. Elle est donc, non pas une substance simple, mais composée de matière et de forme. Comment se trouvent l'acte et la puissance dans l'âme? Il faut partir d'un examen en procédant par des choses matérielles aux immatérielles. Dans les substances composées de matière et de forme, nous trouvons trois composantes : la matière, la forme, et

[209] Stein, (Edith), *De la personne*, p.103.

en troisième, l'être dont le principe est la forme, car la matière participe à l'être de ce qu'elle reçoit la forme.

Ainsi donc l'être suit la forme même, et cependant la forme n'est pas son être, puisqu'elle en est le principe. Et bien que la matière n'atteigne l'être que par la forme, cependant la forme, en tant que forme, n'a pas besoin de la matière pour son être, étant donné que l'être suit la forme même, mais elle a besoin de la matière puisqu'elle est telle qu'elle ne subsiste pas par soi.[210]

Rien n'empêche cependant qu'il y ait une forme séparée de la matière qui possède l'être ; et dans une forme de ce genre, l'essence même de la forme se rapporte à l'être comme la puissance à son acte propre. Et ainsi, dans les formes subsistant par soi, se rencontrent et la puissance et l'acte pour autant que l'être même est acte de la forme subsistante, laquelle n'est pas son être.[211] Mais s'il y a quelque chose qui soit son être, c'est le propre de Dieu. Là, il n'y a pas puissance et acte, mais acte pur. Puisque l'âme est une forme pouvant subsister par soi, il y a en elle, composition d'acte et de puissance, à savoir d'être et de « ce qui est », mais non composition de matière et de forme.[212]
Et pour l'être selon Stein:

> « La tête et le corps tout entier sont une chose physique, perceptible par les sens externes. Mais

---

[210] *Op. cit.*, p.96-97.
[211] *Ibid.*
[212] *Ibid.*

dans cette perception je suis soumise à d'étonnantes limitations, comme ce n'est le cas pour aucun autre corps [...]. Je ne possède pas à son égard une entière liberté de mouvement, je ne peux pas l'observer de tous les côtés, car je ne peux pas m'en défaire. En revanche, pour ce qui le concerne, je ne dépends pas seulement de la perception externe. Je le perçois de l'intérieur. C'est pourquoi il est corps (animé) et non pas seulement corps matériel.[213] »

L'âme, comme château intérieur :

> « N'a pas la forme d'un point comme le moi pur, mais un espace, un château avec de nombreuses demeures, dans lequel le moi peut se mouvoir librement, tantôt en allant vers l'extérieur, tantôt en se retirant davantage à l'intérieur.[214] »

Ce mot de corps peut aussi être entendu comme signifiant une réalité quelconque, possédant une forme telle que l'on peut indiquer en elle trois dimensions quelle que soit cette forme, qu'une perfection supérieure puisse en provenir ou non. Et entendu de cette manière, le corps sera le genre de l'animal, parce qu'il n'y a rien à entendre dans l'animal qui ne soit contenu de manière implicite dans le corps.[215]

---

[213] Stein, (Edith), *De la personne*, p.102.
[214] *Ibid.*, p.109.
[215] C'est à dire dans le *genre* corps et le *genre* animal.

L'âme n'est pas en effet une autre forme que celle par laquelle il est possible d'indiquer trois dimensions dans la réalité [considérée] ; et pour cette raison, lorsque l'on dit que le corps est ce qui possède une forme telle qu'il soit possible d'y indiquer trois dimensions, cela se comprend [de la manière suivante] : quelle que soit cette forme, l'animalité,[216] la pierréité,[217] ou n'importe quelle autre. Et ainsi la forme de l'animal est contenue implicitement dans la forme du corps, en tant que le corps est le genre de l'animal selon H. Conrad-Martius.

> « L'être animé est essentiellement un être dans lequel une entité est maîtresse d'elle-même sous une forme pour ainsi dire créée, c'est-à-dire parvenue à son complet développement effectif, délimitée et se suffisant à elle-même. Une forme grâce à laquelle tout en restant immobile l'entité présente et manifeste d'une façon définitive ce qu'elle est [...]. L'être de l'âme est la vie cachée ou la source à partir de laquelle une entité devenue par conséquent subsistante et incarnée peut échapper à elle-même et prendre une forme impersonnelle et qui n'est pas fixée; pure, exempte d'inertie et n'étant pas délimitée dans son être propre, elle peut ainsi se donner à un autre être et participer à sa vie.[218] »

---

[216] Parce qu'en plus de l'extension spatiale, l'animalité, c'est-à-dire la nature de l'animal, comprend la vie, qui est une perfection supérieure.
[217] C'est à dire la nature de la pierre. C'est un mot forgé sur le modèle de la série : *animalitas* (la nature de l'animal), animal, animalité, ce qui donne : *lapideitas* (la nature de la pierre), pierre, pierréité.
[218] Conrad-Martius (H.), cité par Edith Stein, p.249.

Cette citation fait ressortir aussi trois formes fondamentales qui précisent également les trois domaines différents de l'être réel. Ces trois formes de l'être réel sont l'âme, le corps animé et l'esprit. Manifestement, tout cela est étroitement lié dans la personne de l'être. L'être même, c'est l'acte ultime qui peut être participé par tous alors que lui-même ne participe à rien. Par conséquent, supposé quelque chose qui soit l'être même subsistant, comme nous le disons de Dieu, nous disons qu'il ne participe à rien.

Mais la raison ne vaut pas pour les autres formes subsistantes, qui participent nécessairement à l'être même et se rapportent à lui comme la puissance à l'acte. Et ainsi, puisqu'elles sont sous un certain mode en puissance, elles peuvent participer à quelque chose d'autre.[219] Comment donc comprendre cet Etant dans une compréhension de la foi ?

IV.4.1 L'étant dans la compréhension profonde de la vérité

Pour circonscrire cette thèse, Edith Stein a fait recours à la notion du vrai, du bien et du beau traité par Thomas d'Aquin. Celui-ci considère ces différents thèmes comme des déterminations transcendantales qui font apparaître le rapport de l'Etant avec un autre étant. Mais il ne s'agit pas non plus de rapport avec n'importe quel autre étant, il est question de l'étant qui doit être déterminé par une âme.

---

[219] Stein, (Edith), *L'Etre fini et l'Etre éternel*, pp.49-50.

Raison pour laquelle Edith Stein en faisant recours à Thomas d'Aquin, fait la réflexion suivante:

> « Appelle le rapport de l'objet au savoir (et il ne s'agit ici que du savoir des créatures) un rapport purement pensé car l'objet est indépendant de ce savoir : c'est-à-dire l'objet reste ce qu'il est, qu'un homme le connaisse ou non, cette connaissance ne modifie en rien ni son contenu ni sa structure formelle [...]. Au contraire, le rapport du savoir à son objet est appelé réel, parce que le savoir dépend de son objet: 1) Il n'existe pas de savoir sans objet ; par conséquent, le savoir doit son existence (*Dasein*) à l'objet (tout en ne la devant pas à lui seul). 2) L'objet donne au savoir sa propre détermination (*Gehalt*) et donc ce qui le différencie d'un autre savoir; le savoir ne peut s'achever dans son quod que par rapport à un objet.[220] »

Dans cette approche de la compréhension profonde de la vérité qui est l'action de la foi, trois points à analyser sont à l'ordre du jour. Il s'agit de la vérité transcendantale, vérité du jugement et de la vérité divine.

IV.4.1.1 La vérité transcendantale

En quoi consiste cette vérité chez Edith Stein pour déterminer le savoir qui considéré comme un savoir réel, soit en rapport avec l'objet. Dans ce cas, la représentation

---

[220] *Ibid.*, p.297.

de l'objet sera déterminante parce qu'elle constitue déjà l'essentiel de la connaissance réalisée. Pour Edith Stein, ce savoir n'est pas encore la vérité du fait qu'il ne se conforme pas encore à la vérité. Il y a conformité et vérité que s'il existe un objet réel.

> « Lorsque l'objet, que nous pensons comme représentation réelle, existe aussi réellement: lorsqu'il est l'objet que notre savoir pense comme quod et lorsqu'il est tel que ce savoir le représente [...]. Deux sortes d'éléments se recouvrent ici : la détermination (*Gehalt*) du savoir (son contenu intentionnel ou sens logique) et l'objet réel, tel qu'il est donné dans une représentation qui se réalise: son être, son quod et son comment et aussi sa structure purement formelle. Il y a donc aussi un double étant, exigé pour réaliser la conformité : un objet et un savoir qui lui correspond. Cette conformité n'est fondée ni dans l'un ni dans l'autre, mais c'est un étant d'une espèce particulière, qui a pour fondement le premier et le second étant : « c'est un étant d'une espèce particulière », c'est-à-dire qu'il appartient à un genre déterminé de l'étant, à ce que nous appelons rapport au sens propre du terme.[221] »

Dans cette approche, Edith Stein fait intervenir la notion de l'intention dans le sens phénoménologique, c'est-à-dire que cette intention doit être orientée vers l'objet. Le

---

221 *Ibid.*, p.298.

savoir ne se détermine seulement qu'en rapport avec l'objet. La vérité au sens propre du terme ne peut s'appréhender que dans cette logique de rapport du savoir et de l'objet. Cette vérité est vue par Edith Stein comme une vérité logique. Mais à côté de la vérité logique, il y a aussi la vérité transcendantale ou vérité ontologique comme le souligne Edith Stein. La vérité transcendantale est une vérité qui mise sur l'authenticité de l'objet, c'est-à-dire sa conformité avec l'être de la vérité. Il s'agit là du lien que l'étant doit établir avec l'esprit. Et pour Stein, le lien entre l'esprit et l'étant doit être de rigueur.

> « Le lien entre l'esprit et l'étant est exigé pour elle. Elle n'ajoute rien à l'étant (si nous attendons par là un étant quelconque), tel qu'il est lui-même. Mais l'étant n'est pas caractérisé de manière suffisante, si on le considère seulement tel qu'il en lui-même [...]. Il lui appartient de se manifester, c'est-à-dire de pouvoir être saisi par l'esprit connaissant, lorsqu'il n'est pas a priori transparent pour cet esprit. En effet, il appartient à l'étant en tant que totalité de constituer un tout ordonné : chaque étant singulier possède à l'intérieur de ce tout sa place ainsi que des rapports déterminés avec l'ensemble ; l'ordre est une partie de l'étant (ainsi compris) et l'être manifesté ou le lien avec l'esprit, qui pour nous s'identifie à la vérité transcendantale, fait partie de cet ordre.[222] »

[222] *Ibid.*, p.300.

Dans la recherche de la connaissance de la vérité transcendantale, il faut faire intervenir la notion de l'étant, de l'être et du contenu.

IV.4.1.2 La vérité du jugement

Pour la connaissance de la vérité transcendantale, Edith Stein s'inspire de nouveau de la doctrine aristotélicienne épousée par Thomas d'Aquin. Cette doctrine, dans le cadre de la situation de l'étant, fait intervenir trois sens pour la compréhension de l'être et de l'étant. Il s'agit des déterminations générales de l'étant à savoir l'étant, la détermination du contenu, l'un, le quelque chose, le bien, le vrai (*ens, res, unam, aliquid, bonum, verum*).[223] Cependant, elle établit une différence entre ces différentes notions lorsqu'elles situent l'étant en lui-même ou bien par rapport à un autre étant.

> « L'étant en soi n'est indiqué positivement en dehors de ce nom lui-même (*ens*, l'étant) que par le terme *res* (la détermination du contenu) [...]. La différence entre ces deux formes transcendantales est la suivante : *ens* désigne l'étant dans la mesure où il est, tandis que *res* exprime la quiddité ou l'essentialité de l'étant, par conséquent l'étant en tenant compte de ce qu'il est. L'étant en soi est déterminé négativement quand on le nomme unum (un). En effet, cela signifie qu'il est indivisible.

[223] *Ibid.*, p.286.

> Toutes les autres déterminations transcendantales posent l'étant par rapport à un autre.[224] »

La vérité du jugement prend en compte le second sens de l'être, c'est-à-dire la détermination du contenu. Pour situer le problème de la vérité du jugement, il est d'abord important de comprendre ce que jugement veux dire dans l'approche d'Edith Stein.

> « Ce mot est pris dans diverses acceptions mais qui se rattachent toutes à un même sens général. Lorsque je parle de mon jugement, je peux ainsi penser à l'action de l'esprit (à l'acte du jugement) qui sert de fondement à l'affirmation l'arbre est vert [...]. La vérité ou l'erreur ne saurait être attribuée à mon jugement (dans ce cas, on dit plutôt je juge exactement), mais à ce que je juge, au sens de l'affirmation. Par l'affirmation, je pose l'existence d'un contenu concret. Quand ce contenu existe en vérité, le jugement est vrai.[225]»

Le jugement doit tenir compte du contenu réel de ce que nous pouvons affirmer. Le contenu, en tant qu'étant reste indépendant du jugement. Le jugement fait alors appel à la capacité de l'esprit de porter un regard sur la chose à juger. C'est dans cette optique que pour Edith Stein, la vérité du jugement fait partie intégrante de la vérité logique, quand

---

[224] *Ibid.*, p.287.
[225] *Ibid.*, p.302.

bien même celle-ci possède une grande signification à celle de la vérité logique.

> « Nous avons considéré la vérité logique en tant que conformité d'une connaissance avec l'objet connu (c'est-à-dire le contenu concret existant lorsqu'il est question de la vérité du jugement) comme un étant d'une espèce singulière : cet étant suppose l'être de l'être de l'objet connu et l'être). Le domaine de la vérité logique s'étend à tout étant.[226] »

Ce qui revient à dire que la vérité du jugement selon Edith Stein, n'est rien d'autre que ce qui est conforme au contenu concret.

IV.4.1.3 La vérité divine

Pour appréhender cette notion de vérité divine, Edith Stein nous fait remarquer que les mots usuels qui ont été à la base de la connaissance de la vérité transcendantale, de la vérité du jugement et même de la notion toute entière du concept de l'Etre fini et de l'Etre infini, doivent être assujettis à un paradigme nouveau. Pour quelle raison utilise-t-elle cette méthodologie? Elle justifie sa réponse en faisant comprendre que « lorsque nous attendons par l'esprit de Dieu, seul véritablement créateur, tous les mots

---

[226] *Ibid.*

doivent subir une modification de sens lorsqu'ils sont transposés des créatures à Dieu.[227] »

Pour illustrer sa pensée, elle prend comme exemple la notion de la connaissance. Pour elle, la connaissance exprime la genèse d'une acquisition de pensée, de savoir. C'est le début d'un savoir.

S'il y a un commencement dans ce cas, nous ne pouvons pas parler d'un commencement du savoir en nous référant à Dieu. Pourquoi le savoir comme commencement de la connaissance ne peut-il pas être attribué à Dieu ? C'est parce que pour Edith Stein, « le fait qu'il s'agit de quelque chose qui commence, de l'acquisition originaire d'un savoir. Cette signification ne convient pas à Dieu. Sa connaissance est un savoir qui existe de toute éternité.[228] »

Le savoir de Dieu est un savoir qui a préexisté avant que la création ne puisse voir le jour et il ne peut être soumis aux choses créées, et plus encore, quand il s'agit de la création humaine. La connaissance divine est déjà créatrice, elle n'a pas besoin d'une affirmation de l'acte comme c'est le cas de la connaissance humaine, pour être perçue comme vraie. Elle possède en elle-même les germes de son existence créatrice selon la pensée scolastique.

> « Le rapport scolastique : purement intelligible, non concret pour caractériser le rapport du savoir

---

[227] *Ibid.*, p.309.
[228] *Ibid.*, p.308.

> divin aux choses créées si l'on s'en tient à la signification véritable de ce rapport: au sens qu'il nous est déjà familier; selon lequel le savoir divin, soit dans son existence soit dans son contenu, ne dépend pas des choses.[229] »

La vérité divine n'a pas besoin d'une cause première pour mettre en évidence la notion de la connaissance. Par rapport à son aséité, elle existe. Edith Stein fait intervenir dans cette approche de la vérité divine, la notion des idées et de leurs rapports. Nous savons que déjà les idées font parties de la pensée créatrice. Dans ce cas, elles ne peuvent être extérieures à la pensée divine à cause de leur appartenance à l'essence de cette pensée. Si les idées s'identifient à l'essence de la pensée divine, elles ne peuvent qu'être vraies.

> « Il n'y a plus rien dont elles soient la copie, tandis que la pensée divine conforme les choses à ces idées. Elles sont ce qu'elles sont et elles sont présentes à l'esprit divin. On peut à peine parler ici d'un lien, puisque les idées ne sont pas autre chose que l'esprit divin qui, en tant que tel, est présent à lui-même.[230] »

Cette explication d'Edith Stein intègre en elle la vérité transcendantale et la vérité logique. Ces deux formes de vérité font partie même de l'essence de la vérité divine. Si

---

[229] *Ibid.*, p.309.
[230] *Ibid.*

la vérité appartient alors à l'étant selon la scolastique, le rapport de l'étant à l'esprit ainsi que le lien de l'étant à l'être, font ressortir que l'être et la vérité coïncident. De même si l'Etant premier est considéré comme Dieu, Dieu lui-même est la vérité. La vérité divine n'exprime que le lien qui existe entre l'esprit, l'étant et l'être s'appliquant à cette connaissance divine.

IV.4.2 Edith Stein et l'image de la trinité dans la création : critère de la vérité

Edith Stein touche à un point très théologique lorsqu'elle parle de la trinité, de la création et de l'homme crée à l'image de Dieu. Les débats concernant le problème de la trinité avaient alimenté la théologie chrétienne depuis le IIe siècle jusque maintenant. Aussi, tenter de circonscrire ce problème théologique, ne peut être possible néanmoins, nous essayerons de le situer, par rapport au contexte envisagé par Edith Stein dans son œuvre. De même, on ne peut non plus entreprendre l'analyse de la trinité sans pour autant parler de Dieu et de la création. Raison pour laquelle, il est préalablement judicieux d'appréhender tout d'abord, la notion de Dieu et de la création.

IV.5 Notion de Dieu et de la création

Parler de la doctrine de la création a souvent soulevé des questions insolubles parce que beaucoup de chercheurs l'accusent d'être le dépotoir des concepts mal définis et cela a toujours mauvaise presse. Nous avons vu que depuis l'époque antique, la patristique a prôné le concept de la *créatio ex nihilo* pour défendre la foi contre les différentes hérésies de cette période. De même la scolastique médiévale, influencée par la philosophie d'Aristote, traite de Dieu comme Etre et cause première et continue de toutes choses. Et selon Robert Martin-Achard:

> « La doctrine de la création est devenue ainsi, dans l'exposition de nombreux traités, une cotte mal taillée, cousue de spéculations métaphysiques, bordée d'ontologie fondamentale, rapiécée d'apologétique. La nouveauté du témoignage biblique ne s'accommode plus d'un aussi vieil habit [...]. Il est temps de demander si le dogme de la création n'est pas un lieu théologique qui, loin d'en appeler à l'élaboration d'une doctrine explicative, ne vise pas simplement à forger en nous un regard nouveau sur les choses et les êtres, regard spécifique à la foi, dont le statut est à trouver dans les conditions mêmes de son surgissement biblique.[231] »

Le point de vue de cet auteur est justifié du fait que le témoignage biblique offre des réponses de foi au-delà des rationalisations. Il existe deux tendances pour le traitement de ce problème. Il y a la tendance des évolutionnistes et celle des créationnistes et pour Robert Martin-Achard, c'est de cette deuxième tendance dont il s'agit. En traitant de

---

[231] Martin-Achard, (Robert), *Et Dieu crée le ciel et la terre*, Labor et Fides, Genève, 1979, p.9.

cette doctrine dans la vision créationniste, nous devons soulever le problème de l'existence de Dieu et de sa nature.

IV.5.1 Existence de Dieu

Nous pouvons constater que la tendance créationniste ne cherche pas à définir Dieu, mais elle parle de son existence. L'approche biblique de même ne traite pas la question de la définition de Dieu. Elle témoigne seulement de son existence comme cela est attesté dans l'épître aux Hébreux 11.6 : « Celui qui s'approche de Dieu doit croire qu'il existe et qu'il récompense ceux qui le cherchent...»

Par conséquent, il est impossible à l'homme de définir Dieu, car l'homme est un être fini, et Dieu, un Etre éternel s'il faut emprunter les termes d'Edith Stein. Mais par la révélation générale et la révélation spéciale culminant en Christ, Dieu se donne à connaître à l'homme. C'est pourquoi, toute affirmation sur Dieu dans l'approche créationniste, doit trouver un appui scripturaire. Dieu est Esprit parfait et infini en qui, toutes les choses ont leur source, leur support et leur fin. Il possède une essence infinie. Cependant, ne pouvant définir Dieu, nous pouvons du moins attester son existence à travers certains arguments.

Edith Stein parle du Créateur comme l'Etre premier et Etre pur parce qu'il n'y a en lui aucun non-être.[232] De même, en se référant au livre d'Exode, elle considère celui dont le nom est « Je suis ce qui suit » (Exode 3.14) comme

[232] Stein, (Edith), *L'Etre fini et l'Etre éternel*, p. 337.

Etre premier, et dans le même cas, elle justifie cette appellation.

> « Celui dont le nom est Je suis est l'être en personne […]. L'Etant premier ainsi désigné est nécessairement une personne ; seule une personne peut créer, c'est-à-dire appeler à l'existence en vertu de sa propre volonté. En effet, l'action de la Cause première ne peut être conçue que comme activité libre, puisque tout acte, qui n'est pas acte libre, est causé et par la suite n'est pas assimilable à l'action première. L'ordre rationnel et la finalité du monde renvoient également à une personne en tant qu'auteur.[233] »

Edith Stein atteste l'existence de Dieu comme Etant pur et Auteur de la création en argumentant que « Seul peut s'appeler Je, un Etant qui dans son être intérieur, son être proprement dit et à son être différentiel, distinct de tout autre Etant.[234] » Quels sont alors les autres arguments qu'on peut rencontrer et qui attestent l'existence de Dieu ?

IV.5.1.1 Les arguments en faveur de l'existence de Dieu

En faisant recours aux recherches d'Auguste Strong[235], nous dirons que le premier argument de l'existence de Dieu

---

233 *Ibid.*, p.344.

234 *Ibid.*

235 Strong, (August H.), *Systematic Theology*, tome I, The Judson Press, Philadelphia, 1946, pp.71-88.

découle de la croyance intuitive. Si nous considérons les propos bibliques, surtout ceux de l'apôtre Paul, il est dit ceci : « Tous les hommes ont l'œuvre de la loi écrite dans leur cœur (Rm 2.15). » Ce qui a fait dire à Jean Calvin que chaque homme a toujours en lui « quelque semence de religion.[236] » Cette réalité s'explique par le fait que l'homme est une créature à l'image de Dieu, et que la chute ne lui a pas fait perdre cette image fondamentale.

Le deuxième argument est celui contenu dans les Ecritures. La Bible ne cherche pas à donner des preuves de l'existence de Dieu; elle part d'une affirmation qu'il y a un Dieu : « Au commencement, Dieu… (Gn 1.1). » Il n'y a pas dans la Bible des débats spéculatifs sur l'affirmation de l'existence de Dieu, mais la révélation de Dieu.[237] Pour cette approche, la question réside sur l'origine de l'univers. Si l'univers a un commencement, c'est qu'il y a au départ une cause suffisante et distincte qui l'a produit. Bernard Sève nous en fournit l'explication :

> « Le principe fondamental de la preuve est le suivant : l'actualisation d'un être en puissance ne peut se faire que sous l'influence d'un autre être, qui soit lui-même en acte [….] ; le mouvement suppose donc un moteur (un être en acte) qui, s'il est lui-même mû, ne peut donc être absolument fondé qu'en un être qui meuve sans être mû, soit

---

[236] Calvin, (Jean), *Institutions de la religion chrétienne*, tome 1, p.9.
[237] Thiessen, (Henry C.), *Esquisse de théologie biblique*, Marne-la-Vallée, 1987, pp.32-37

> un Premier Moteur immobile, que l'on peut identifier à Dieu.[238] »

Pour l'argument téléologique, nous constatons que l'ordre et l'arrangement des créatures animées et inanimées indiquent qu'il y a un plan et finalité. L'univers est appréhendé selon un ordre et un arrangement utile ; il ne peut exister qu'à partir d'une cause intelligente et libre différente de lui. L'autre argument qu'on peut faire intervenir dans cette démarche est celui de l'ontologie.[239] Pour cet argument, l'homme a l'idée de Dieu. Cette idée de Dieu est infiniment plus grande que l'homme lui-même. Elle ne peut donc pas avoir l'homme pour origine, cette idée ne peut avoir son origine qu'en Dieu lui-même. Nous retrouvons dans cet argument, la structure ontologique de l'être d'Edith Stein. L'argument ontologique a été aussi avancé par Saint Anselme pour prouver l'existence de Dieu.

> « Dieu est défini comme l'être tel qu'aucun être plus grand que lui ne peut être pensé ; cette définition, même l'athée peut et doit l'accepter, car c'est à un tel être que l'on pense quand on dit Dieu (et cela même si on croit qu'il n'existe pas) [...]. Mais ce qui est tel que rien de plus grand ne puisse être pensé ne peut pas exister seulement dans l'intelligence ; car s'il n'était que dans l'intelligence, s'il n'était qu'un concept, on pourrait concevoir un autre être qui existerait aussi hors de l'intelligence, et qui serait

---

238 Sève, (Bernard), p.57.
239 *Op. cit.*

donc plus grand que lui, contre l'hypothèse [...]. Pour être vraiment tel qu'on ne puisse penser quelque chose de plus grand que lui, il doit donc exister non seulement dans l'intelligence, à titre de concept, mais aussi dans le réel. Il est donc impossible de penser sérieusement que Dieu n'existe pas, car cette déclaration se contredit.[240] »

Les deux derniers arguments qui peuvent encore nous aider à attester l'existence de Dieu se trouvent être celui basé sur la morale et celui tiré de la congruence. Pour l'argument moral, il est à constater que tout homme a le sens de ce qui est bien, et de ce qui est mal, s'il faut s'en tenir à la philosophie morale d'Emmanuel Kant. Ajouté à cet état, il y a le sentiment d'obligation et de responsabilité. Il doit exister donc une voie interne qui lui parle, que l'on ne peut faire taire en lui. Par conséquent, tout homme doit opérer un choix dans ce contexte de moral. Chaque choix entraîne une once de responsabilité de la part de l'homme. L'argument tiré de la congruence nous révèle que la croyance en l'existence de Dieu est ce qui explique le mieux les faits de notre nature morale, mentale et religieuse, de même que ceux de l'univers matériel. Ce qui atteste en fait que Dieu existe.

Voilà les quelques arguments avancés par Strong et quelques auteurs sur la doctrine de l'existence de Dieu. Cependant, Edith Stein soulève encore une autre pensée en

---

240 Anselme, (Saint), *Le Prologion*, traduit et édité par (Alexandre) Koyré, Varin, Paris, 1967.

se basant sur *l'analogia entis* pour établir le rapport du « Je suis divin » à la multiplicité de l'étant fini, et par rapport à la division de l'être dans la création.

> « Mais étant donné que l'être se divise dans la création, l'être ne possède pas dans tout étant absolument le même sens ; à côté d'un sens commun, nous trouvons une signification différente [...]. Précisément, il convient de comprendre cette division de l'être et le sens de l'étant fini comme une participation à un être unique dans la mesure, d'ailleurs, où il est possible de comprendre un mystère divin. Mais il ne faut pas interpréter cette division comme absolue et croire que l'être un de Dieu se divise à la façon d'une grandeur, d'une quantité ou d'une étendue spatiale, en parties composantes séparées dans l'être fini. Cette conception réduirait le Créateur aux créatures et aboutirait à nier le Créateur.[241] »

En le faisant, il y a eu émergence d'autres pensées que nous qualifierons de non-chrétiennes qui militent pour la négation de Dieu. Nous ne pensons pas faire recours à toutes les pensées, mais pour étayer notre analyse, nous ferons recours à quelques-unes de ces pensées.

---

[241] *Ibid.*, pp.347-348.

IV.5.1.2 Pensées non-chrétiennes sur Dieu

Toujours en nous référant aux différentes analyses de Strong[242], nous pouvons parler de l'athéisme. Dans son sens étroit, l'athéisme nie l'existence de Dieu. Cependant, l'athéisme peut s'appréhender sous plusieurs volets. Il y a l'athéisme pratique où tout en admettant qu'il puisse exister un Dieu quelque part, l'homme vit sans Dieu. Cette idéologie justifie l'existence des philosophes et des théologiens de la mort de Dieu. Il existe aussi l'athéisme dogmatique pour lequel l'homme réfute toute idée de Dieu et de religion. Et enfin, l'athéisme virtuel par lequel l'homme définit Dieu comme n'étant qu'un principe, une énergie, une conscience et non un Etre personnel.[243] Par contre, Saint Anselme ne considère pas l'existence de l'athéisme par rapport à la preuve ontologique, en disant ce qui suit dans les chapitres trois et quatre de son livre.

> « L'athéisme est logiquement impossible. Il y a pourtant des athées, mais ils ne pensent pas réellement ce qu'ils disent, ils sont dupes des mots, ils pensent la signification verbale du mot Dieu sans penser ce que la chose (Dieu, en l'occurrence) est en elle-même [...]. Dire que Dieu n'est pas relève d'une sorte de pensée verbale. En d'autres termes, on peut dire que Dieu n'existe pas, mais on ne peut pas vraiment le penser.[244] »

---

242 Strong, (August H.), pp.90-110.
243 Thiessen (Henry C.), pp.38-39
244 *Ibid.*

Par ces mots, Saint Anselme atteste l'existence absolue de Dieu. Dans cette rubrique de pensées non-chrétiennes, il y a l'agnosticisme qui affirme l'impossibilité de toute vraie connaissance de Dieu. Dans ce cas, on ne peut connaître ni l'existence, ni la nature de Dieu, ni même la nature ultime de l'univers. Nous pouvons aussi souligner le panthéisme qui est un grand courant qu'on rencontre dans la plupart des cas, dans les religions orientales. Le panthéisme considère Dieu comme identique à l'univers naturel, Dieu est tout; tout est Dieu.

Nous pouvons encore dans cette analyse de pensées non-chrétiennes sur l'existence de Dieu, faire référence aux récits de la mort de Dieu à travers ces quelques lignes de Bernard Sève commentant les passages d'Heinrich Heine.

> « Dieu meurt de sa belle mort, après une vie bien remplie aux allures de *succes story*, enfance protégée, adolescente tumultueuse, vie adulte agitée et conquérante, triomphe [...]. Mais d'emblée cette vie semble menacée : le Dieu de Heine doit s'adapter, passer des compromis (« il renonça, il abjura ») ; après le triomphe, la décrépitude menace, Dieu doit « s'épurer, se spiritualiser encore davantage, devenir paternel, miséricordieux, bienfaiteur du genre humain, philanthrope » ; ce Dieu est celui du déisme, de la religion naturelle, de la philosophie du XVIIIe siècle ; mais ces ultimes concessions, ces dernières

ruses, ne suffisent pas à le sauver : Dieu se meurt. Mort naturelle ? Après le Dieu de la foi, déjà mort, c'est le Dieu de la raison qui se meurt.[245] »

Quel concept pourrions-nous tirer de cette réflexion sur la mort de Dieu ? Pour Bernard Sève, il s'agit tout simplement d'interpréter ce thème « comme l'expression littéraire d'un fait sociologique : la disparition de la croyance religieuse dans l'Europe des XVIIIe et XIXe siècles.[246] » Et encore que cette idée est conçue de nos jours par d'autres penseurs. Ces différentes pensées ont eu à faire un grand tort à la révélation divine.

Après avoir analysé ces différents points, il est maintenant question de voir ce que la nature de Dieu peut exprimer.

IV.5.1.3 Nature de Dieu

A travers la doctrine de la révélation générale, Dieu se laisse connaître par l'homme et cette possibilité suit trois modes. Dieu se révèle à la fois dans l'homme, dans l'univers et dans l'histoire. Pour le premier de ces modes, il y a encore un double aspect et c'est ce que Jean Calvin traite au chapitre cinq de son livre. Il estime en effet « que Dieu a donné aux hommes un sentiment de divinité ou une semence de religion et, d'autre part, que Dieu atteste son

---

245 Sève, (Bernard), *La question philosophique de l'existence de Dieu*, Presse Universitaire de France, Paris, 1994, pp.238-239.
246 *Ibid.*

existence dans la nature humaine.[247] » Dieu est donc Esprit et en tant que tel, il est invisible alors, comment l'homme peut-il parler de son essence, de sa substance, sans tomber dans une vaine spéculation ? Pour ce faire, l'homme ne peut s'en tenir simplement à ce que les Ecritures disent de la nature de Dieu.

Les Ecritures attestent que Dieu est Esprit et en tant que tel, Il est immatériel, incorporel et invisible. De même, il a une existence indépendante. La révélation du nom « Je suis celui qui suit » (Exode 3.14), indique que Dieu existe par la nécessité de sa nature, c'est-à-dire de l'être n'ayant pas de cause. Autrement dit, l'existence de Dieu ne dépend de rien en dehors de lui-même. Edith Stein à la place de la nature, utilise le mot essence. Elle la définit en se référant à la thèse capitale du concept de l'essence d'Hering.

> « Chaque objet (quelle que soit sa manière d'être) possède une seule essence qui, en tant que son essence, représente la plénitude de la particularité qui le constitue. L'essence est donc la qualité particulière constituant l'objet, autrement dit, l'ensemble de ses attributs essentiels.[248] »

La nature de Dieu est aussi perçue sous l'angle de son immensité et de son éternité. Dieu est infini par rapport à l'espace, il est à la fois immanent et transcendant. En même temps, il est infini par rapport au temps. Il n'a ni

---

[247] Calvin, (Jean), *Institution de la religion chrétienne*, tome I, 1539/1541.
[248] Stein, (Jean), p.76.

commencement ni fin, il est libre de toute succession du temps parce que lui-même est la cause du temps. Etant de nature spirituelle, l'humain ne peut le saisir qu'à travers ses attributs.

Qu'entendons-nous par attributs de Dieu ? Les attributs de Dieu sont les qualités inhérentes à sa nature. Dans ce contexte, Klauspeter Blaser pose le problème suivant : « Donner des attributs à Dieu, c'est le qualifier; mais qualifier Dieu, n'est-ce pas également le circonscrire d'une façon qui n'est jamais désintéressé, donc le limiter ? Dieu n'est-il pas absolu, au-delà de tous les « omni » dont on le qualifie ? Mais l'amour et la sainteté sont-ils suffisants pour qualifier Dieu ?[249] »

Pour essayer de traiter de cette question, Blaser suggère deux méthodes d'interprétation : celle de la révélation biblique et celle de la réflexion philosophico-théologique. Cependant, la dernière méthode conviendrait bien pour notre analyse.

Les attributs de Dieu sont classés de différentes manières. Il existe des attributs naturels et moraux, des attributs non-moraux et ceux ayant trait à son essence, à son intelligence et à sa volonté. Dans son approche, des attributs, August Strong les subdivisent en deux rubriques. Il y a ceux qui traitent de l'immanence absolue de Dieu, et ceux qui traitent de son immanence transitive ou relative.[250]

---

[249] Klauspeter Blaser, (Klauspeter), *Esquisse dogmatique*, p.115.
[250] Strong, (August H.), pp.249-275.

Dans l'immanence absolue, nous y trouvons tout ce qui a trait à la spiritualité de Dieu (vie et personnalité), à son infinité (aséité, immuabilité et unité) et à sa perfection (vérité, amour et sainteté).[251] Edith Stein, en matière d'attributs, confère à l'Etre éternel ceux qui suivent : infinité et éternité.

> « Est vraiment infini ce qui ne peut pas finir puisqu'il n'a pas reçu l'être comme don, mais ce qui est en possession de l'être, le maître de l'être, et, en vérité l'être même. Nous l'appelons l'être éternel. Il n'a pas besoin du temps mais il est aussi le maître du temps.[252] »

Edith Stein touche à travers ces attributs, à la question de l'immanence de l'Etre éternel. L'immanence transitive ou relative recèle les attributs qui sont en rapport avec le temps, l'espace (éternité, immensité), avec la création (l'omniprésence, l'omniscience, l'omnipotence) et avec les être moraux (véracité, bonté, fidélité, miséricorde, justice et équité).[253] La nature de Dieu s'exprime à travers ces différents attributs qui sont perceptibles par l'homme et qui le mettent dans des dispositions du « Dire Dieu ».

IV.5.1.4 Les œuvres de Dieu

Les œuvres de Dieu sont la création et le gouvernement souverain de tout ce que Dieu a créé. L'histoire de la

---

251 *Ibid.*

252 Stein, (Edith), *op. cit.*, p.67.

253 *Ibid.*

création proprement dite commence par la Parole créatrice de Dieu. Parole efficace et suffisante, parole qui innove, transforme et renouvelle, comme l'ensemble de l'Ecriture le met en relief dans Genèse 1. Le problème de la création continue toujours à tarauder l'esprit de l'homme.

La révélation des origines se déploie dans les trois premières tablettes de la Genèse. D'abord, pourquoi employer le mot tablette pour désigner le chapitre ? Dans l'approche théologique de création, le mot a une grande valeur comme certains théologiens le pensent. Henri Blocher justifie l'emploie de ce concept.

> « Pour rappeler les techniques d'écriture utilisées au temps de la Genèse et sans doute pour elle ; il a de plus l'avantage d'être neutre, de ne pas préjuger du genre littéraire [...]. Pourquoi deux tablettes en fait ? Selon la vieille théorie documentaire mise au point par Graf Wellhausen au dernier siècle, (haute critique), il s'agirait de deux traditions rivales de la création, peu compatibles entre elles ; la seconde serait la plus ancienne, elle ferait part du document yahviste (J) élaboré au Xème siècle et la première viendrait du document sacerdotal (P) au temps de l'exil.[254] »

Cependant, dans leurs différences, les deux tablettes se complètent. Comment pouvons-nous comprendre ce processus de la création selon l'approche d'Edith Stein ?

---

[254] Blocher, (Henri), *Révélation des origines*, coll. théologique Hokhma, Lausanne, Presses Bibliques Universitaires, 1979, pp.22-23.

IV.5.2 Edith Stein et la création

La création est cet acte libre de Dieu par lequel, au commencement et pour sa propre gloire, sans conseils et sans ordre venant de qui que ce soi et par sa propre volonté, créa la terre et le ciel. Ce qui revient à dire que Dieu, dans son éternité, dans sa volonté souveraine, son harmonie parfaite, n'a besoin de rien d'autre que de lui-même. Ce n'est que dans cet acte d'amour qu'il pose des actes séparés de lui-même.

Il a créé *ex nihilo*, du néant, l'existence et la vie selon l'Ecriture. Le but de la création est de manifester la gloire de Dieu. Edith Stein témoigne de l'Ecriture en disant qu'elle nous révèle que par l'Etre éternel, toutes les choses ont été faites et trouvent en lui leur fondement existentiel et leurs relations causales.[255] Cependant, la création sous l'angle de l'idéologie créationniste pose de sérieux problèmes que nous allons examiner de près, puisqu'ils sont essentiels pour comprendre la relation d'image entre l'Etre éternel et l'être fini.

IV.5.2.1 La semaine de création selon le récit mosaïque

Le récit mosaïque nous présente la création directe de l'univers selon les termes de Genèse 1. « Au commencement, Dieu créa les cieux et la terre ». Selon ces

---

[255] *Op. cit.*, p.352.

mots, nous sentons que l'univers ne possède pas l'éternité ni qu'il a préexisté avant sa création, ni qu'il a été formé à partir des choses préexistantes, mais cela est dû à un acte créateur et immédiat de Dieu. Il a créé *ex nihilo*, c'est-à-dire à partir de rien.

Si le récit mosaïque nous parle de la création directe, en même temps il porte en lui, les germes de la création indirecte. Selon le verset 2 de Genèse 1, il est mentionné que « la terre était informe et vide, il y avait des ténèbres au-dessus de l'abîme ». Nous nous posons la question de savoir que s'est-il passé ? Au verset 1, il est question d'un postulat et tout juste après, au verset 2, le postulat vole en éclats. L'acte original de la création était-il inachevé, ou bien, une catastrophe quelconque aurait-elle frappée la création originelle ? Pour répondre à cette question, les théologiens ont avancé trois hypothèses.

La première hypothèse concerne la théorie de la restauration. On parle de la théorie de la restauration ou théorie de l'intervalle. Cette théorie, selon Henri Blocher, propose qu'après la création originale (verset 1), Satan soit tombé en entraînant ainsi un jugement divin sur la terre. Dans ce cas, on traduirait mieux le verset 2 par « devint » informe et vide. Le chaos étant le signe du jugement divin.[256]

> « Les six jours ne sont pas, comme on l'avait cru, des jours de création, mais des jours de restitution

[256] *Op. cit.*

> […]. Dieu a restauré l'édifice après que la création originelle ait terriblement souffert. A la suite de quel désastre ? Le drame a eu lieu entre le premier et le deuxième verset de la Genèse, dans le fossé mystérieux qui se cache entre eux (d'où le nom de *gap-theory* souvent utilisé).[257] »

Dans ce contexte, l'expression « informe et vide » (*tôhû wâbôhû*) désigne alors le désastre intervenu. Blocher continue en parlant de la présence des ténèbres comme étant la conséquence de l'introduction du mal dans le monde.[258]

La deuxième hypothèse est celle de la théorie de l'intervalle. Il considère que s'il y a intervalle, il se serait produit avant Genèse 1.1 et que les versets 1 et 2 ne constitueraient que le récit d'une récréation. Le verset 1 serait le résumé de ce qui suit. [259]

La troisième hypothèse est celle qui est la plus répandue. Cette hypothèse interprète le verset 2 comme présentant l'univers dans un état d'inachèvement. Après avoir déclaré que la terre était inachevée, Moïse poursuit en racontant comment elle devint un endroit habitable pour l'homme.[260] Nous pouvons dire à propos de ces trois hypothèses que la première donne un cadre temporel à la chute de Satan et

---

[257] *Ibid.*, pp.34-35.

[258] *Ibid.*

[259] *Ibid.*

[260] *Ibid.*

que les deux autres ne disent rien sur le cadre historique de la chute de Satan. De même, en ce qui concerne les jours de la création, deux théories ont été à la base des discussions théologiques[261].

Toutefois, la création de l'homme est considérée comme une création spéciale. A travers toutes les hypothèses de la création, il y a eu celle de l'homme à l'image de Dieu qui constitue l'essentiel de la création de Dieu.

IV.5.2.2 La création de l'homme à l'image de Dieu

De manière traditionnelle, le problème de la création de l'homme et du statut de l'homme fait référence à Genèse 1.26 et suivants où l'homme est présenté comme crée à l'image de Dieu (*imago Dei*). Selon les commentaires exégétiques modernes, l'être humain est image de Dieu en tant que Seigneur de la création et le livre de Psaumes 8.6 parle de l'homme en ces termes « de peu inférieur à Dieu ». Mais toujours en tant qu'image de Dieu, il n'en reste bien moins qu'un être humain.

Selon O. Weber, « l'*imago Dei »* signifie que le propre de l'humanité de l'homme vient de Dieu. L'homme ne trouve son humanité non pas en lui-même, mais seulement à l'intérieur d'un rapport à Dieu.[262] » Nous retrouvons dans

---

261 *Ibid.*

262 Weber, (O.), cité par (Klauspeter) Blaser, p. 279.

cette approche théologique le problème de l'existence de l'être dans l'Etant soulevé par Edith Stein dans son œuvre *l'Etre fini et l'Etre éternel.*

Si Genèse insiste sur le fait que l'être humain a été fait à l'image de Dieu, nous pouvons souligner que cette expression a été appréhendée de différentes manières par les commentateurs de la Genèse.[263] Pour les uns, ils sont peu nombreux, la ressemblance entre l'homme et Dieu se situe sur un plan physique et corporel parce que l'homme se tient débout comme Dieu et à l'inverse de l'animal.

L'image de Dieu consisterait donc à cette position verticale de l'homme ? Pour les autres, ce qui unit l'être humain à son Créateur, c'est une qualité d'ordre spirituel, une faculté qu'il a reçue de lui et qui établit une parenté entre l'homme et Dieu. Cette qualité d'ordre spirituel est représentée par l'âme, l'intelligence, la liberté, la raison, la conscience, etc…

La première page de la Genèse nous met en rapport avec trois images à savoir Dieu, le monde et l'homme. Elle montre qu'aucune confusion n'est possible entre ces trois images bien que leurs rapports soient interdépendants. De ce fait, nous dirons que la création n'est pas une réalité

---

[263] Cf. Auzou, (G.), *Au commencement Dieu créa le monde*, L'histoire et la foi, coll. Lire la Bible 36, Paris, 1973; E. Jacob, *Théologie de l'Ancien Testament*, Délachaux et Nestlé, Neuchâtel, 1955; (G.) von Rad, *La Théologie de l'Ancien Testament*, Labor et Fides, Genève, 1928; (P.) Humbert, *Etudes sur le récit du paradis et de la chute*, Délachaux et Niestlé, Neuchâtel, 1940, etc…

surnaturelle et elle n'écrase non plus l'homme vivant dans son sein. Dieu, l'univers et l'humanité entretiennent entre eux des relations harmonieuses ou altérées lorsqu'on pense à l'introduction du mal, qui se conditionnent mutuellement. La création révèle le privilège que Dieu accorde à l'homme.

> « Si la proclamation Dieu créa l'homme en son image ne dissimule pas, mais souligne sa dépendance de créature, son intention principale est sans contredit, d'exalter l'homme […]. Ou plutôt elle veut magnifier la générosité du Créateur qui lui a fait frôler la condition divine. Etre crée en image de Dieu, c'est le privilège de l'humanité, qu'aucune des créatures mentionnées par la Genèse ne partage ; le reste de l'Ecriture ne semble même pas l'attribuer aux anges, pourtant supérieurs en force et en puissance […]. L'homme est image de Dieu, lui seul, et cette singularité le désigne comme la créature d'élection.[264] »

Comme image de Dieu, l'homme appartient au visible, mais tout en se définissant par rapport à son Créateur. Cependant, par la transgression, la relation qui existait entre l'homme et Dieu a été ternie par le péché, mais l'image de Dieu n'est pas pour autant abolie. L'homme garde toujours cette image, mais elle est occultée par le péché. Ce problème a été débattu par les théologiens sous la rubrique de la liberté humaine.

---

[264] Blocher, (Henri), p.76.

> « Il faut dire de l'image ce qu'on dit de l'humanité : car l'homme est image de Dieu, terrienne. La mort qu'entraîne le péché n'est pas une disparition du sujet, elle n'est même pas une soustraction d'être [...]. Elle est la contradiction unique et impensable : nature contre-nature, inhumanité des humains. Aucune catégorie faite pour l'être n'est adéquate pour la perversion de l'être. Il faut dire à la fois que l'homme reste homme après sa révolte, et que l'homme a radicalement changé, qu'il n'est plus que l'ombre monstrueuse de lui-même [...]. Il faut dire que l'homme reste image de Dieu, inviolable et responsable, mais qu'il est devenu une image contradictoire, caricature si l'on veut, témoignage contre soi-même.[265] »

Par contre, la restauration de cette image s'est faite en Jésus-Christ, Fils et image. Grâce à ce Fils, l'homme est rendu à son humanité en tant qu'image de vérité de son Créateur, et plus que cela, il est devenu fils dans le Fils, par le lien de la nouvelle Alliance qui est l'œuvre de la foi.

IV.5.3 Edith Stein et le Dieu de la foi

Edith Stein avance la thèse suivante :

> « L'essence divine spirituelle et infiniment vivante est donnée à elle-même en triple être-soi qui est désignée par les mots Père, Fils et Esprit. La

---

[265] *Ibid.*, p.88.

plénitude infinie de vie en Dieu est la raison pour laquelle une seule et même essence de Dieu possède une triple substance [...]. L'unique essence vivante et spirituelle est le fondement de l'être-soi trois fois distinct. Dans l'unique essence divine, Dieu se possède lui-même d'une triple manière, et chacune de ces trois manières est relative à l'autre.[266] »

C'est en ces termes que les auteurs du « Nouveau Livre de la Foi » ont exprimé la réalité de Dieu en trois personnes. D'aucuns diront trois *hypostases* ; mais nous devons comprendre ces deux substantifs (personnes et *hypostases*) comme synonymes selon qu'il est employé en Orient ou en Occident.

En effet, le terme « *hypostases* » est usité en Orient pour parler des personnes (en Dieu).[267] Pour Edith Stein, cette doctrine est essentielle pour la compréhension du concept. Grâce à ces notions, quelque chose d'essentiel a été acquise non seulement pour comprendre la révélation de Dieu en trois personnes mais aussi l'être humain et le réel des choses tout simplement.[268] » Elle atteste l'existence de Dieu le Père, Dieu le Fils et Dieu le Saint-Esprit. Si pour Edith Stein, la notion d'hypostase et de personne doit être aussi attribuée à l'être humain, Thomas d'Aquin voudrait qu'on

---

[266] Feiner (J.) et (L.) Vischer, *Nouveau Livre de la Foi: La Foi commune des chrétiens*, Centurion, Paris, 1976, p. 242.
[267] *Op. cit.*, p.123.
[268] Stein, (Edith), *op. cit.*, p.355.

accorde à la notion de personne un autre sens et le terme personne ne peut qu'être attribué à Dieu seul.

> Ce mot « indique ce qui est le plus parfait dans toute la nature, à savoir quelque chose qui subsiste en lui-même et une nature douée de raison [...]. Etant donné que tout ce qui appartient à la perfection doit être attribué à Dieu et que son essence contient en elle toute perfection, il est juste de donner à Dieu le nom de Personne, non pas au même sens qu'aux créatures, mais en un sens éminent.[269] »

Dans le témoignage du christianisme primitif, Dieu le Père vient parmi nous dans le Fils et dans l'Esprit pour nous prendre dans sa communion. La Trinité y est mentionnée en rapport avec l'œuvre du salut opéré par Dieu pour les hommes. Le premier, dans l'histoire de l'Eglise, à employer le mot Trinité est Tertullien, selon J.N. Kelly, il l'a employé, évidemment en latin : « *Trinitas*.[270] »

Cependant, il faut noter que le mot Trinité n'existe pas dans la Bible, mais il exprime une vérité biblique : Dieu s'est révélé à nous comme en le Père, le Fils et le Saint-Esprit, un seul Dieu bénit éternellement. Dans l'Ancien Testament, on considère le pluriel « faisons l'homme à notre image...» comme les premières lumières de la révélation trinitaire. Dieu, le serviteur de Dieu et l'Esprit de Dieu sont des appellations qui expriment la Trinité.

---

269 Aquin, (Thomas) de, *Somme théologique*, I. Question 29, a. 3.

270 Kelly, (J.N.), *Initiation à la doctrine des pères de l'Eglise*, Cerf, Paris, 1968, p. 28.

Cette notion se comprend surtout dans le plan divin du salut qui est accompli en Jésus-Christ : Dieu se communique lui-même sous un triple aspect et à cela, doit correspondre la disponibilité de l'homme. L'histoire du salut se comprend donc comme l'histoire du Fils de Dieu, Jésus-Christ et en même temps, comme l'histoire trinitaire de Dieu dans l'action commune du Père, du Fils et de l'Esprit.

Il est vrai que la conception populaire ne voit que le Fils dans cette révélation de Dieu appelée incarnation, « événement dans lequel le Dieu trinitaire se communique totalement,[271] » mais vu que l'histoire du Fils n'est pas accomplie par un sujet unique, que le Père n'est pas Père sans le Fils, et le Fils n'est pas Fils en dehors du Père nous ramène à ce que J. Moltmann appelle le « fondement transcendant » de cette histoire trinitaire de Dieu pour pouvoir le louer, le célébrer et le reconnaître comme celui qu'il en est lui-même.[272]

L'histoire du salut est donc cette ouverture aux hommes des relations communautaires du Dieu trinitaire en leur plénitude en vue de l'accueil et de l'unification de toute la création.

---

[271] Moltmann, (J.), *Trinité et Royaume de Dieu*, Cerf, Paris, 1984, p.155.
[272] *Ibid.*, p.200.

IV.6 Possibilité d'une philosophie chrétienne chez Edith Stein

Il faut d'abord reconnaître que la philosophie chez les anciens signifiait alors amour de la sagesse et chez eux, la sagesse était ce que nous appelons science. La philosophie recherche la liaison et les causes de tous les phénomènes soumis à notre observation. Ces phénomènes dérivent ou de la matière ou de l'intelligence. De là, il sera question de la philosophie naturelle ou physique et rationnelle. La première s'occupe des phénomènes du monde matériel et la seconde des phénomènes du monde intellectuel.

Cette dernière a conservé le nom de philosophie proprement dite. Elle comprend la métaphysique qui traite de l'âme, de sa nature, de ses facultés, de ses idées. La logique qui nous apprend à bien conduire notre raison pour connaître la vérité, la morale qui enseigne à l'homme ses devoirs et la philosophie naturelle qui expose les preuves de l'existence d'un Dieu créateur, conservateur, et de l'immortalité de l'âme.

Tels sont les principaux objets dont la philosophie s'occupe. Mais quel est le but de tant de recherches et de méditations ? N'est-ce que la satisfaction d'une vaine curiosité ? Dans ce cas, la philosophie ne serait plus alors la science de la sagesse. Elle doit se proposer de nous apprendre par les seules lumières de la raison, ce qu'il nous importe de savoir et de faire dans quelque état que nous soyons placés, pour avancer notre bonheur. Cette approche traduit la querelle qui est entretenue à travers l'Eglise du Moyen Age entre les philosophes et les théologiens catholiques. Cependant, Edith Stein nous fait comprendre qu'à l'ombre de la foi et de tous les conflits, les philosophes ont développé leur science philosophique dans la recherche de la vérité.

> « Dans la vérité révélée, la mesure de toute vérité ; elle n'a pas rechigné devant l'effort pour résoudre les problèmes que lui posaient les dogmes de la foi ; elle s'appuyait sur cette foi comme sur une force qui assurait à l'intelligence humaine une plus grande sûreté même dans son travail naturel.[273] »

Cette assertion ressort des thèses de Thomas d'Aquin. Mais qu'est-ce qu'on peut entendre par philosophie chrétienne ? Pour répondre à cette question, il faut distinguer dans l'analyse, la nature et l'état de la philosophie chrétienne. Néanmoins, nous pouvons dire que ce qui est considéré comme nature de la philosophie chrétienne se joue dans son indépendance.

La philosophie est indépendante de la foi et de la théologie. Aussi pour Edith Stein, à cause de l'action objective de la nature dans l'histoire, il est possible de parler d'un état chrétien de la philosophie. Comme souligné dans son œuvre, elle revient sur les thèses de Thomas d'Aquin.

> « Or, que l'on considère la philosophie comme science dont les seules ressources sont l'expérience

---

[273] Stein, (Edith), p.132.

> et la raison naturelle ou que l'on reconnaisse le droit de puiser dans la révélation [...] : une chose est certaine, c'est que la philosophie des grands docteurs de l'Eglise du Moyen Age s'est développée 'à l'ombre' de la foi. Elle a reconnu dans la vérité révélée la mesure de toute vérité.[274] »

Nous comprenons que Thomas d'Aquin considère la philosophie comme formation et organisation de l'esprit, et que cela se rapporte à quelque chose de concret, de réel caractérisé par sa nature. Edith Stein se trouve au carrefour de la scolastique, influencée par Thomas d'Aquin et de la phénoménologie.

Philibert Secrétan révèle qu'au cours des journées d'études de Juvisy (12-09-1933),[275] un triple sens de l'expression « philosophie chrétienne » a été élaboré. Ainsi, nous trouvons dans son sens premier que les Pères de l'Eglise ont désigné le christianisme comme leur philosophie parce qu'ils ont constaté que la doctrine de la foi se sert des notions philosophiques. Vu sous cet angle, la philosophie chrétienne n'est pas différente de la théologie. Le deuxième sens tient de la tentative pour utiliser et l'approche philosophique et l'approche théologique, comme source de connaissance. Mais cette approche n'est pas acceptée par tout le monde.

---

[274] *Ibid.*

[275] *De la philosophie chrétienne*, Paris, 1933, p.115.

Si la philosophie intègre la notion de la foi dans son parcours, elle cesse d'être philosophie mais elle devient théologie. Le troisième sens vient du fait qu'au Moyen Age, et sous l'influence du christianisme, le terme philosophie chrétienne a été déjà employé. De même la philosophie thomiste est appelée philosophie chrétienne.[276]

Nous pouvons dire en outre que la philosophie se détermine par la raison et la théologie, par la foi. Dans ce cas, la première tâche que doit assumer toute philosophie chrétienne est celle de préparer le chemin à la foi. Thomas d'Aquin était arrivé à cette conclusion par le souci d'instruire une philosophie pure fondée par la raison naturelle. Et pour conclure cette réflexion sur la philosophie chrétienne, nous dirons selon Edith Stein :

> Elle « n'est pas seulement l'expression pour dire l'attitude spirituelle des philosophes chrétiens, ni seulement la désignation des doctrines effectivement présentent des penseurs chrétiens [...]. Ce terme signifie en plus l'idéal d'un *perfectum opus rationis* qui serait parvenu à rassembler dans l'unité d'une synthèse tout ce que la raison naturelle et la révélation nous rendent accessibles.[277] »

Cette citation corrobore avec la position d'Edith Stein à travers toutes ces œuvres. Son chemin de croix passe par

[276] *Op.cit*, p.132.
[277] *Ibid.*, p.146.

ces deux états de connaissance. Cette position est celle aussi de Paul Tillich dans sa méthode de corrélation à travers la réflexion de Werner Schüssler, « *Als Theologe versuchte ich Philosop zu bleiben und als Philosoph Theologe.*[278] »

[278] Schüssler (Werner), Paul Tillich, Münschen, Verlag C.H. Beck, 1997. (Comme théologien, je cherche à rester philosophe et comme philosophe, je cherche à rester théologien). Notre traduction.

CONCLUSION

A travers la phénoménologie de Husserl, Edith Stein cherchait encore sa voie et cependant, la phénoménologie a constitué un point de départ important dans sa quête de la foi, surtout, la phénoménologie transcendantale. La phénoménologie lui a ouvert le chemin vers la scolastique. A travers la doctrine scolastique, elle a découvert la possibilité de se frayer un chemin vers une conception plus fondamentale de l'être. C'est aussi dans cette doctrine qu'est élaborée la réflexion sur la vie de l'esprit, et c'est là aussi que s'articule le débat entre foi et raison.

Dans une confrontation entre Husserl et Thomas d'Aquin, toute l'interrogation porte sur la philosophie et surtout autour des thèmes suivants à savoir : raison, science, connaissance objective, vérité, etc. Il faut de même souligner que la phénoménologie ne se limite pas seulement à l'œuvre de Husserl mais elle fait intervenir Heidegger et Max Scheller. L'étude du *Dasein* chez Heidegger a éclairé Edith Stein sur la question de l'être ; son essence et son devenir. Cette étude du *Dasein* a encore renforcé sa notion initiale de l'ontologie.

A travers l'approche de Thomas d'Aquin, philosophe et théologien, on se rend compte que la philosophie étudie d'abord les êtres crées pour s'élever ensuite à la connaissance de Dieu mais dans l'ordre de la théologie, c'est le contraire, il faut commencer d'abord par l'étude de Dieu, et c'est précisément cet ordre qui est suivi dans ses *Sommes Théologiques.* A propos de savoir si la vérité est considérée comme une vertu, la réponse donnée par Thomas d'Aquin est négative. Pour celui-ci, la vérité ne peut être assimilée à la vertu. Du fait que lorsqu'on parle de la vertu, on observe que la foi constitue la première vertu qui puisse exister et cette foi tire son objet de la vérité. Mais néanmoins, la vertu peut être mise en rapport avec la vérité dans un certain sens.

La vérité pour Thomas d'Aquin est liée à la personne et à l'œuvre de Dieu. Il ne peut y avoir de vérité en dehors de Dieu selon ce que Christ a dit : «Je suis le chemin, la vérité et la vie» (Jean 14.6 a). Dès lors, l'objet principal de la théologie consiste à transmettre la connaissance de Dieu, non pas seulement selon ce qu'il est en lui-même, mais aussi selon qu'il est le principe et la fin des choses. Ce qui nous fait dire que pour Thomas d'Aquin, la philosophie et la théologie ne sont différentes que par l'objet premier de la connaissance humaine, et elles sont différentes aussi en conséquence par leur méthode.

Le Réformateur Marin Luther fait la distinction entre la connaissance générale par la loi de la nature et celle prônée par l'Evangile de même, on ne peut vivre la foi en dehors de la Parole de Dieu, de la Parole qui est Dieu et qui est le lien de rencontre entre l'intériorité et l'extériorité. Comment peut-on recevoir la foi en dehors de cette Parole de Dieu ? L'homme qui a reçu la Parole par la grâce de

Dieu, est celui-là qui a connu la vérité peut prétendre à la foi.

Beaucoup de thèmes de la phénoménologie de Husserl mériteraient d'être abordés, aussi, nous confirmons que ces thèmes ont contribué au développement de la phénoménologie d'Edith Stein. La méthode rigoureuse de Husserl a influencé Stein dans sa recherche de la foi. Cette exigence de vérité qui l'a toujours dirigée fait découvrir à Edith Stein dans les œuvres d'Husserl, un aboutissement pour lequel elle était en quête à partir des recherches logiques de celui-ci.

La phénoménologie du « Moi » d'Husserl l'a amenée vers une nouvelle phénoménologie de l'esprit et les thèmes traités ont contribué au développement de cette phénoménologie de l'esprit. Ces thèmes reviennent plus souvent dans l'analyse d'Edith Stein même si elle entre quelque fois en contradiction avec Husserl sur certains points.

Cependant, dans la *Science de la croix*, Edith Stein requiert l'efficacité de la lutte que Jésus a menée durant son ministère terrestre en donnant sa vie en rançon pour Jean de la Croix et pour elle-même. Cette lutte est et demeure une vérité indéniable. De même cette victoire requiert aussi une valeur subjective de la mort de Jésus. Malgré le caractère non séduisant ou alors mystérieux de la mort sur la croix, l'œuvre rédemptrice de Jésus ou plutôt son efficacité se concrétise à travers ceux qui viennent à lui.

Quel impact sotériologique et dynamique de la mort peut-on uniquement faire ressortir dans ce contexte de la mort de Jésus ? Allant dans cette direction, F. Varillon révèle à nous que la rédemption « a été opérée de façon visible au calvaire (*Redemptio in actu primo*) ; elle s'opère de façon invisible en tous ceux qui répondant à l'initiative en eux du Christ ressuscité, s'approprient le mystère pascal (*Redemptio in actu secundo*).[279] » Toute personne se reconnaissant dans ces faits doit nécessairement poser un acte ou un geste qui traduit liturgiquement son adhésion au Christ Crucifié, lequel acte est celui de s'approcher de l'autel, signe d'ouverture totale à Dieu.

La valeur subjective s'exprime à travers cette démarcation en traduisant un fait historique en un fait d'expérience personnelle et sociale. Edith Stein et Jean de la Croix sont amenés à traduire cette expérience dans leur vie quotidienne. L'autre aspect très important dans la vie de Jean de la Croix et qui a influencé littéralement Edith Stein, est celui qui touche à la doctrine de la croix. Sur cette base se dresse la route vers l'expérience mystique examinée par Edith qui utilise à cet effet des concepts modernes de la philosophie de la personne, mais élaborée à la lumière de la métaphysique chrétienne.

Le Dieu transcendant peut se révéler à l'âme en tant que Personne qui avec un amour infini, se communique au plus intime d'elle-même jusque dans l'action puissante par

---

[279] Varillon, (F.), *Eléments de doctrine chrétienne*, Tome 2, Paris, Edition de l'Epi, 1963, p.67.

laquelle Dieu s'insère dans le destin des âmes, en y opérant la renaissance de l'homme sous l'action de sa grâce sanctifiante. C'est bien Dieu encore qui se révèle. De quelle manière ? Par la nuit de la foi, comme Ténèbres Divines. Quant à Édith Stein en personne, Dieu ne s'est révélé à elle qu'à travers le caractère impénétrable de ses mystères, accueillis dans une attitude de foi, d'espérance et d'amour.

Le chapitre portant sur l'œuvre d'Edith Stein, *l'Etre fini et l'Etre éternel*, met en exergue la grande portée de la réflexion de l'auteur en ce qui concerne la place de l'être en tant qu'homme dans sa qualité de corps, d'esprit, d'âme ainsi que le propre de sa vie spirituelle, et le lien qui le met en rapport avec l'Etre éternel. En faisant recours à la doctrine de Thomas d'Aquin, Edith Stein présente cette œuvre comme le cheminement du passage de l'être fini à l'Etre éternel. Ce parcours laborieux exprime avec circonspection, l'expérience méthodique vécue par l'auteur à certaines étapes de son trajet à la recherche du sens de l'être. Cette expérience passe par la philosophie, la conception religieuse ainsi que la pensée chrétienne et catholique en particulier pour aboutir à cette détermination comme le souligne L. Gelber:

> « Recherche de la sagesse, la philosophie ne pourra trouver sa pleine satisfaction que dans la sagesse divine elle-même, dans la vision simple par laquelle Dieu se saisit lui-même et embrasse tout le crée […]. La plus haute réalisation à laquelle un esprit crée puisse accéder, assurément

> point par ses propres forces, est la vision béatifique que Dieu lui donne en l'unissant à lui : l'esprit acquiert ainsi une participation à la connaissance divine en vivant de la vie de Dieu.[280] »

C'est la voie qu'Edith Stein a empruntée dans cette démarche, en tant que carmélite et phénoménologue. En le faisant, elle a touché aux questions fondamentales de la philosophie contemporaine de l'existence de l'homme. Dans ce livre, l'auteur s'en tient à l'idée fondamentale selon laquelle le principe formel doit être de façon rigoureuse, conditionnée par l'esprit. L'esprit du raisonnement nous aidera à comprendre le rapport de la connaissance avec la foi. Et ce livre nous laisse découvrir une détermination commune, celle de l'être fini comme déploiement d'un sens dont le fondement se trouve dans l'essence de l'Etre éternel.

Après cette analyse et en se référant à la manière dont la Bible exprime la réalité de Dieu, on se rend compte de la triple activité et de la triple nature de Dieu. Cette réalité de Dieu en Trois personnes a une origine éternelle, c'est-à-dire que depuis l'éternité, Dieu existait à la fois comme Père, comme Fils, comme Saint-Esprit. La révélation de Dieu a quelque chose de très caractéristique.

Le Dieu transcendant et immanent est avant tout un Dieu d'amour qui n'abandonne pas son peuple quels que

---

[280] *Ibid.*, p.X.

soient ses manquements et ses langueurs. C'est ainsi qu'il va vers l'humanité pécheresse et se révèle à elle par Jésus-Christ. Dieu se montre donc aux hommes par un homme qui a vécu à un certain moment de l'histoire, dans une certaine région. C'est dans ce contexte que pour Edith Stein, « Jésus-Christ, par sa Passion et sa mort, a expié les péchés de tous les hommes et il a ainsi satisfait à la justice divine. La nature humaine est l'instrument de cette réparation, puisqu'elle la rend possible par la Passion et la mort.[281] » Ce qui poussera Saint-Augustin à l'analogie suivante : « Tout d'abord, nous devons montrer que la vie spirituelle de l'homme doit être également considérée comme une vie triple et trinitaire.[282] » Il fait cette remarque en se basant sur la notion de trois et un. Il parle de l'esprit, de l'amour et de la connaissance comme étant à la fois trois et un.

L'œuvre du Christ ne peut connaître de fin car une œuvre divine n'est pas influencée par quelque événement que ce soit. Elle est à la fois actuelle et éternelle. C'est dans ce sens que la puissance de Dieu vient et elle est toujours à l'œuvre dans le monde, en vue de la transformation de ce monde : c'est l'Esprit Saint de Dieu. De cette triple expérience vécue à travers l'histoire, on peut que tirer une conséquence : la Trinité en Dieu, Dieu en Trois Personnes, le Père, le Fils et le Saint-Esprit, mais un seul Dieu.

Le Dieu qui vient vers les hommes pour vivre avec eux vient donc dans toute sa Trinité même si c'est le Fils qui est

---

[281] Stein, (Edith), *op. cit.*, p.515.
[282] Saint-Augustin, cité par (Edith) Stein, p. 444.

vu par les hommes. Le Dieu qui transforme le monde par l'œuvre sanctificatrice du Saint-Esprit vient également dans toute sa Trinité même si c'est le Saint-Esprit qui se manifeste. C'est cela le propre du Dieu Trinitaire. C'est pourquoi la foi chrétienne saisit cette réalité et adresse la même adoration au Père, au Fils et au Saint-Esprit, un seul Dieu bénit éternellement. C'est ce qui a amené Edith Stein à la foi et à la philosophie chrétienne.

BIBLIOGRAPHIE

Alexander, (H.B.), *Le cercle du monde*, Gallimard, Paris, 1962.

Anselme, (Saint), *Le Prologion*, traduit et édité par (Alexandre) Koyré, Varin, Paris, 1967.

Aquin, (Thomas) de, *Somme théologique*, I. Question 29, a. 3.

Auzou, (G.), *Au commencement Dieu créa le monde*, L'histoire et la foi, coll. Lire la Bible 36, Paris, 1973.

Baruzi, (Jean), *Saint Jean de la Croix et le problème de l'expérience mystique*, (réédition de la deuxième édition de 1931), coll. «Pierres angulaires», coll. «Histoire», Paris, 1999.

Beaufret, (J.), «Heidegger», in *Encyclopedia Universalis*, Paris, 1990

Birault, (H.), *Heidegger et l'expérience de la pensée*, Gallimard, Paris, 1978.

Blaser, (Klauspeter), *Dossier dogmatique*, Faculté de Théologie, Lausanne,1997.

Blocher, (Henri), *Révélation des origines*, coll. théologique Hokhma, Lausanne, Presses Bibliques Universitaires, 1979.

Chevallier, (J.) de, *Dictionnaire des symboles*, Robert Laffont, Paris,1969.

De la philosophie chrétienne, Paris, 1933.

Descartes, (René) *Œuvres et Lettres*, Paris, Gallimard, Paris 1966.

Descartes, (René), *Discours de la méthode*, Collection Folio, Essai, Ed., Paris, Gallimard, 1966.

Descartes, (René), *Méditations Métaphysiques*, Paris, PUF, 1956.

Durozoni, (Gérard) et (A). Roussel, *Dictionnaire de Philosophie*, Nathan, Paris, s.d.

Edgar, (H.S.J.), *Le concept de la croix*, Desclée, Paris, 1991.

Feiner (J.) et (L.) Vischer, *Nouveau Livre de la Foi: La Foi commune des chrétiens*, Centurion, Paris, 1976.

Freedman, (D.J.), *The Anchor Bible Dictionary*, vol.13, Doubleday, New York, 1992.

Godet, (F.), *Commentaire sur l'Evangile de Saint Jean*, Delachaux et Niestlé, Neuchâtel, 1970.

Gravel, (E.), *Le sens du temps et de la perception chez Husserl*, Gallimard, Paris, 1969.

Guerrier, (Michel), «Les Protestants et l'image», in *Positions Luthériennes*, n°1, 1994.

Guthrie, (D.), (J.A) Motyer et *al*, *Nouveau commentaire biblique*, Emmaüs, 1984.

Hegel, (G.W.), *La phénoménologie de l'esprit* (1807), trad. Par (Jean) Hyppolite, 2 vol., Paris, Aubier, 1939, 1980.

Heidegger, (Martin), *L'être et le temps*, Trad. R. Boehm et (A.) de Waelhens, Gallimard, Paris, 1964.

Humbert, (P.), *Etudes sur le récit du paradis et de la chute*, Délachaux et Niestlé, Neuchâtel, 1940.

Husserl, (E.), *L'idée de la phénoménologie*, coll. Epiméthée, Paris, PUF, 1997.

Husserl, (Edmond), *Idées directrices pour une phénoménologie et une philosophie phénoménologiques pures*, Paris, 1950.

Husserl, (Edmond), *Postface aux idées directrices*, 1930

« Husserl » in *Encyclopédia Universalis*, Paris, 1990.

Jacob, (E.), *Théologie de l'Ancien Testament*, Delachaux et Niestlé, Neuchâtel, s.d.

Jesu Maria (Bruno) de, *Saint Jean de la Croix*, Paris, 1929.

Jesus (Crizogono) de, *Vie de Jean de la Croix*, trad. De l'espagnol par (Sr Marie-Agnès) Haussiettre, Cerf, Paris, 1998.

Kelly, (J.N.), *Initiation à la doctrine des pères de l'Eglise*, Cerf, Paris, 1968.

Ladd, (G.), *Théologie du Nouveau Testament*, vol. 1, Sator, Paris, 1984.

Lalande, (A.), *Vocabulaire Technique et Critique de la Philosophie*, PUF, Paris, 1926.

Laugerud, (T.), *Le monde du Nouveau Testament*, Antanarivo, 1987.

Levinas, (Emmanuel), *En découvrant l'existence avec Husserl et Heidegger*, Vrin, Paris, 1974.

Levinas, (E.), *L'existence entre Husserl et Heidegger*, Paris, Vrin, 2001.

Levinas, (E.), *Théorie de l'intention dans la phénoménologie de Husserl*, 2ème édition, Paris, 1963.

Maritain, (Jacques), «Edith Stein (1891-1942), in *Nova et Vetera*, Genève, 1951.

Martin-Achard, (Robert), *Et Dieu crée le ciel et la terre*, Labor et Fides, Genève, 1979.

Mehl, (Harald) de, *L'homme selon l'apôtre Paul*, Delachaux et Niestlé, Neuchâtel, 1951.

Moltmann, (J.), *Dieu crucifié, la croix du Christ, fondement et critique de la théologie chrétienne*, Cerf-Mame, Paris, 1974.

Moltmann, (J.), *Trinité et Royaume de Dieu*, Cerf, Paris, 1984.

Neve, (J.L.), *A History of Christian faith*, trad. Par F.S Hallanger, Antananarivo, T.P.L.N, 1964.

Nicole, (J.M.), *Précis de la doctrine chrétienne*, Institut biblique, Nogent-sur-Marne, 1986.

Pedersen, (Johns), *Israël its Life and Culture*, tome I-II, Paul Branner, Copenhagen, 1946.

Poirot, (Dominique), *Jean de la Croix, ami et guide pour la vie*, coll. «Histoire», Cerf, Paris, 1990.

Rad, (G.) von, *La Théologie de l'Ancien Testament*, Labor et Fides, Genève, 1928.

Ricœur, (Paul), *Le conflit des interprétations*, Seuil, Paris, 1993.

Ries, (J.), *Le symbole et le symbolisme dans la vie de l'Homo Religiosus*, Louvain, la Neuve, 1981.

Romaeus, (P.), «Introduction», in *L'Etre fini et l'Etre éternel*, traduit par G. Casella et F.A Viallet, Nauwerlaerts, Beauchevin, 1998.

Scherer, (René), *Phénoménologie des recherches logiques de Husserl*, Paris, PUF, 1967.

Schüssler (Werner), Paul Tillich, Münschen, Verlag C.H. Beck, 1997.

Secrétan, (Philibert), «Introduction » in *Phénoménologie et philosophie chrétienne*, Paris, Cerf, 1987.

Sernaclens, (J.) de, *La personne et l'œuvre de Jésus-Christ*, Labor et Fides, Genève, 1958.

Sève, (Bernard), *La question philosophique de l'existence de Dieu*, Presse Universitaire de France, Paris, 1994.

Siegwald, (G.), *La loi, chemin du salut*, Delachaux et Niestlé, Neuchâtel, 1971.

Stein, (Edith), *De la personne*, traduit par (Philibert) Secrétan, Cerf, Paris, 1992.

Stein, (Edith), *La Science de la Croix*, trad. Par (Etienne) de Sainte Marie, Nauwelaerts, Paris, 1957.

Stein, (Edith), *Phénoménologie et philosophie chrétienne*, traduit de l'Allemand par (Philibert) Secrétan, Paris, Cerf, 1987.

Strong, (August H.), *Systematic Theology*, tome I, The Judson Press, Philadelphia, 1946.

Thiessen, (Henry C.), *Esquisse de théologie biblique*, Marne-la-Vallée, 1987.

Vacant, (E.) Mangenot et *al*, *Dictionnaire de Théologie catholique*, tome 8, collection 2257, Paris, 1928.

Varillon, (F.), *Eléments de doctrine chrétienne*, Tome 2, Paris, l'Epi, 1963.

Waelhens, (Alphonse), «Phénoménologie», in *Encyclopedia Universalis*, corpus 18, Paris, Cerf, 1990.

Wiloff, (C.L.), *Ce que je croix*, Ngaoundéré, 1976.

Zarader, (Marlène), *Heidegger et les paroles de l'origine*, J. Vrin, Paris, 1986.

Structures éditoriales du groupe L'Harmattan

L'Harmattan Italie
Via degli Artisti, 15
10124 Torino
harmattan.italia@gmail.com

L'Harmattan Hongrie
Kossuth l. u. 14-16.
1053 Budapest
harmattan@harmattan.hu

L'Harmattan Sénégal
10 VDN en face Mermoz
BP 45034 Dakar-Fann
senharmattan@gmail.com

L'Harmattan Cameroun
TSINGA/FECAFOOT
BP 11486 Yaoundé
inkoukam@gmail.com

L'Harmattan Burkina Faso
Achille Somé – tengnule@hotmail.fr

L'Harmattan Guinée
Almamya, rue KA 028 OKB Agency
BP 3470 Conakry
harmattanguinee@yahoo.fr

L'Harmattan RDC
185, avenue Nyangwe
Commune de Lingwala – Kinshasa
matangilamusadila@yahoo.fr

L'Harmattan Congo
67, boulevard Denis-Sassou-N'Guesso
BP 2874 Brazzaville
harmattan.congo@yahoo.fr

L'Harmattan Mali
Sirakoro-Meguetana V31
Bamako
syllaka@yahoo.fr

L'Harmattan Togo
Djidjole – Lomé
Maison Amela
face EPP BATOME
ddamela@aol.com

L'Harmattan Côte d'Ivoire
Résidence Karl – Cité des Arts
Abidjan-Cocody
03 BP 1588 Abidjan
espace_harmattan.ci@hotmail.fr

L'Harmattan Algérie
22, rue Moulay-Mohamed
31000 Oran
info2@harmattan-algerie.com

L'Harmattan Maroc
5, rue Ferrane-Kouicha, Talaâ-Elkbira
Chrableyine, Fès-Médine
30000 Fès
harmattan.maroc@gmail.com

Nos librairies en France

Librairie internationale
16, rue des Écoles – 75005 Paris
librairie.internationale@harmattan.fr
01 40 46 79 11
www.librairieharmattan.com

Librairie l'Espace Harmattan
21 bis, rue des Écoles – 75005 paris
librairie.espace@harmattan.fr
01 43 29 49 42

Lib. sciences humaines & histoire
21, rue des Écoles – 75005 paris
librairie.sh@harmattan.fr
01 46 34 13 71
www.librairieharmattansh.com

Lib. Méditerranée & Moyen-Orient
7, rue des Carmes – 75005 Paris
librairie.mediterranee@harmattan.fr
01 43 29 71 15

Librairie Le Lucernaire
53, rue Notre-Dame-des-Champs – 75006 Paris
librairie@lucernaire.fr
01 42 22 67 13